BECKETT

DU MÊME AUTEUR

L'Être et l'événement, volume 2, Logiques des mondes, Seuil, 2006.

Circonstances, volume 3, Portées du mot juif, suivi de *Signifiant-maître des nouveaux aryens* de Cécile Winter, Lignes-Manifestes, 2005.

Le Siècle, Seuil, 2005.

Circonstances, volume 2, Irak, foulard, Allemagne-France, Lignes-Manifestes, 2004.

L'Éthique, Nous, 2003.

Saint Paul, la fondation de l'universalisme, PUF, 2002.

D'un Désastre obscur : sur la fin de la vérité d'État, Éditions de l'Aube, 1998.

Court traité d'onthologie transitoire, Seuil, 1998.

Abrégé de métapolitique, Seuil, 1998.

Petit manuel d'inesthétique, Seuil, 1998.

Calme bloc ici-bas, Pol, 1996.

Les Citrouilles, Actes Sud, 1996.

Conditions, Seuil, 1992.

L'Être et l'événement, Seuil, 1988.

Peut-on penser la politique ?, Seuil, 1985.

Dans la même collection :

Gilles Deleuze : La clameur de l'Être.

ALAIN BADIOU

BECKETT

L'increvable désir

Pluriel

Collection fondée par Georges Liébert
et dirigée par Joël Roman

Couverture : Rémi Pépin
Illustration : © Louis Monier/Gamma

ISBN 978-2-8185-0195-5

Ce livre a été publié en première
édition dans la collection « Coup Double »
dirigée par Benoît Chantre.

Dépôt légal : juin 2011
Librairie Arthème Fayard/Pluriel, 2011.

Un « jeune crétin »

J'ai rencontré l'œuvre de Beckett au milieu des années cinquante. Une vraie rencontre, une sorte de frappe subjective, dont l'empreinte est ineffaçable, en sorte que, quarante ans plus tard, on peut dire : j'y suis, j'y suis toujours. Tel est le principal office de la jeunesse : rencontrer l'incalculable, et se convaincre ainsi, contre les désabusés, qu'est fausse et oppressive la thèse « rien n'est, rien ne vaut ».

Mais la jeunesse est aussi ce fragment d'existence où arrive aisément que l'on s'imagine très singulier, dans le moment où l'on pense ou fait ce qui restera comme le trait typique d'une génération. Être jeune est une ressource de puissance, une époque de rencontres décisives, mais grevées d'une trop facile saisie par la répétition, l'imitation. La pensée n'est soustraite à l'esprit du temps que par un labeur constant et délicat. Il est aisé de vouloir changer le monde, comme à cette époque c'était pour nous la moindre des choses. Il est plus difficile de s'apercevoir que cette volonté même peut n'être que le matériau des formes de la perpétuation dudit monde. C'est pourquoi toute jeunesse, si exaltante qu'en puisse être la promesse, est toujours aussi celle d'un « jeune crétin ». Cette considération, plus tard, nous garde de la nostalgie.

Quand j'ai découvert Beckett, quelques années après le tout début de son œuvre en langue française, soit vers 1956, j'étais un parfait sartrien, travaillé toutefois par une question dont je pensais avoir personnellement découvert que Sartre sous-estimait l'importance, sans mesurer qu'elle était déjà, et allait être fort longtemps, le pont-aux-ânes de ma génération et de quelques autres : la question du langage. D'un observatoire ainsi bricolé, je ne pouvais voir en Beckett que ce que tout le monde y voyait. Un écrivain de l'absurde, du désespoir, du ciel vide, de l'incommunicabilité et de l'éternelle solitude, un existentialiste, en somme. Mais aussi un écrivain « moderne », en ceci que le destin de l'écriture, le rapport entre le ressassement de la parole et le silence originel, la fonction simultanément sublime et dérisoire des mots, tout cela était capturé par la prose, très loin de toute intention réaliste ou représentative, la fiction étant à la fois l'apparence d'un récit, et la réalité d'une réflexion sur le travail de l'écrivain, sa misère et sa grandeur.

Je m'enchantais des aphorismes les plus sinistres, la jeunesse ayant une pente fatale à croire que « les chants désespérés sont les chants les plus beaux ». Je recopiais, dans maints cahiers, des choses comme :

Et pour ce qui est de laisser de côté l'essentiel, je m'y connais je crois, et d'autant mieux pour n'avoir sur ce phénomène que des renseignements contradictoires.

J'aurais dû concentrer mon attention sur l'ironie qui charge cette sentence nihiliste d'une bizarre énergie. Tout de même que quand je me délectais à lire (dans *Malone meurt*) :

Du reste n'importe quels vestiges de chair et de conscience font l'affaire, ce n'est pas la peine de pister les gens. Du moment que c'est encore ce qu'on appelle un vivant il n'y a pas à se tromper, c'est lui le coupable [...],

je ne prêtais pas une attention suffisante au démenti que le style affirmatif, presque violent, apporte à la thèse convenue (sous-kafkaïenne) de l'universelle culpabilité.

Tout cela du reste, à mes yeux allégorie littéraire d'un énoncé conclusif de Sartre, le fameux : « L'homme est une passion inutile », n'avait pas pour moi la même saveur que les maximes sur le langage, par lesquelles je soutenais ma conviction que la tâche philosophique décisive, et qui me revenait en propre, était de compléter la théorie sartrienne de la liberté par une investigation soigneuse des opacités du signifiant. C'est pourquoi *l'Innommable* était mon livre préféré. Pendant plusieurs mois (quand on est jeune, il s'agit là, pour parler comme Beckett, d'un « temps énorme »), je vécus accompagné par l'étonnant mélange de haine et de familiarité salvatrice que le « parleur » de ce roman voue à son instrument langagier :

> M'avoir collé un langage dont ils s'imaginent que je ne pourrai jamais me servir sans m'avouer de leur tribu, la belle astuce. Je vais le leur arranger, leur charabia. Auquel je n'ai jamais rien compris du reste, pas plus qu'aux histoires qu'il charrie, comme des chiens crevés [...].

> J'aurais voulu me taire avant, je croyais par moments que ce serait là ma récompense d'avoir si vaillamment parlé, entrer encore vivant dans le silence, pour pouvoir en jouir, non, je ne sais pas pourquoi, pour me sentir qui me taisais [...]

Il aurait sans doute fallu prendre la mesure de cette « vaillance » inhérente à toute parole, et de ce que désignaient exactement ces « histoires » que charrie le langage de la tribu. Il aurait surtout été plus lucide de comprendre que pour Beckett, *l'Innommable* était en réalité une impasse, dont il allait mettre presque dix ans à sortir. Mais l'alliance, au vrai inconsistante, entre le nihilisme et l'impératif langagier, entre l'existentialisme vital et la métaphysique du verbe, entre Sartre et Blanchot, convenait au jeune crétin d'alors.

La bêtise était au fond d'entériner sans examen véritable le portrait en pied de Beckett alors disponible, et aujourd'hui encore partout répandu : conscience impitoyable du néant du sens, étendue par les ressources de l'art au néant de l'écriture, lequel serait comme matérialisé par des proses de plus en plus resserrées, de plus en plus denses, et qui abandonnent tout principe narratif. Un Beckett qui médite la mort et la finitude, la déréliction des corps malades, l'attente vaine du divin et la dérision de toute entreprise en direction des autres. Un Beckett convaincu qu'en dehors de l'obstination des mots, il n'y a que le noir et le vide.

Il m'a fallu de longues années pour me défaire de ce stéréotype, et pour prendre enfin Beckett au pied de sa lettre. Non, ce qu'il nous donne à penser par son art, de théâtre, de prose, de poésie, de cinéma, de radio, de télévision, de critique, n'est pas cet enfoncement ténébreux et corporel dans une existence abandonnée, dans un délaissement sans espoir. Ce n'est pas non plus du reste le contraire, qu'on a tenté de faire valoir : farce, dérision, saveur concrète, Rabelais maigre. Ni existentialisme, ni baroque moderne. La leçon de Beckett est une leçon de mesure, d'exactitude, et de courage. C'est ce que je voudrais établir dans ces quelques pages.

Et puisque c'est en lisant *l'Innommable* qu'est née ma passion de quarante ans pour cet auteur, plutôt que les sentences sur le langage qui ont enchanté ma jeunesse, j'aimerais en retenir cet aphorisme qui encore aujourd'hui me bouleverse, quand le parleur innommable, à travers ses larmes, certain de ne jamais renoncer, déclare :

Moi seul suis homme et tout le reste divin.

La beauté

L'œuvre de Beckett, qu'on présente souvent comme un bloc, ou comme dirigée linéairement, quant au contenu, vers toujours plus de nihilisme, quant à la forme, vers toujours plus de concision, est en réalité un parcours complexe, dont les moyens littéraires sont très variés.

On peut certes discerner une oscillation centrale entre l'abstraction philosophique (entièrement épurée dans *Cap au pire*) et le poème strophique, qui décrit une sorte de tableau, utilisant pour ce faire la répétition incessante des mêmes groupes de mots, et d'infimes variations qui, peu à peu, déplacent le sens (technique poussée à son comble dans *Sans*).

On peut aussi constater qu'il y a deux grandes périodes dans l'œuvre de Beckett. Après les *Textes pour rien* (1950), l'écrivain est gagné par un sentiment d'impasse et d'impuissance. Il en sortira avec *Comment c'est* (1960), qui introduit une nette rupture aussi bien dans les thèmes que dans la conduite de la prose.

Cette oscillation et cette césure ont pour effet qu'aucun genre littéraire ne peut convenir à la compréhension de l'entreprise de Beckett. La forme romanesque est encore perceptible dans *Molloy*, mais dès *l'Innommable* elle est épuisée, sans qu'on puisse dire que le poème l'emporte, si même la cadence, la disposition des paragraphes, la valeur intrinsèque des visions indiquent que le texte est gouverné par ce qu'on pourrait appeler un « poème latent ».

En réalité, les lambeaux de fiction ou de spectacle montés par Beckett tentent d'exposer des questions critiques (au sens de Kant) à l'épreuve de la beauté. Ces questions sont en très petit nombre. Au fameux « Que puis-je connaître ? Que dois-je faire ? Que puis-je espérer ? » de Kant, répond, dans les *Textes pour rien*, le triplet : Où irais-je si je pouvais aller ? Que serais-je si je pouvais être ? Que dirais-je si j'avais une voix ? Après 1960 on pourra ajouter : *Qui suis-je, si l'autre existe ?* L'œuvre de Beckett n'est que le traitement dans la chair de la langue de ces quatre questions. Disons qu'il s'agit d'une entreprise de pensée méditative et à demi gagnée par le poème, qui cherche à ravir en beauté les fragments imprescriptibles de l'existence.

On se gardera tout aussi bien de croire que Beckett s'enfonce dans une interrogation qui se suffit à elle-même, qu'il ne résout aucun des problèmes qu'il pose. Non, le travail de la prose est bien destiné à isoler et à exhausser les quelques points sur lesquels la pensée peut se faire affirmative. Au demeurant, tout le génie de Beckett tend à l'affirmation, de façon presque agressive. La forme de la maxime ne lui est nullement étrangère, et elle porte toujours avec elle un principe d'acharnement et d'avancée.

Une maxime parmi tant d'autres, une conclusion : *Terre ingrate, mais pas totalement.* Ah ! Il faudra bien dire l'ingratitude de la terre ! Mais uniquement, en dernier ressort, pour que le « pas totalement » scintille dans la prose, prose dont on sait qu'elle est destinée à « sonner clair » (*Cap au pire*) et à entretenir en nous le courage.

Il a souvent dit, Beckett, comme bien d'autres écrivains depuis Flaubert, que ne lui importait que la musique. Qu'il était un inventeur de rythmes et de ponctuations. Quand on lui a demandé, dans le cadre de ces périodiques enquêtes sur le « mystère de l'auteur » où tout artiste est convié à prendre la pose et à nourrir le siècle d'un ersatz de spiritualité, pourquoi il écrivait, il a télégraphié : *Bon qu'à ça.* Pas tout à fait, Beckett, pas tout à fait ! Bon qu'à ça, mais pas totalement ! Il y a eu les rapports compliqués avec Joyce, qui a tout de même été le maître direct de Beckett. Il y a eu, face aux nazis, sur le territoire français, l'engagement immédiat et très risqué dans la Résistance. Il y a eu la longue conjugalité avec Suzanne, dont, sans faire de « biographisme » vulgaire, on voit bien qu'elle est une référence centrale pour tous les couples qui traversent

13

l'œuvre. Il y a eu la volonté, au théâtre, d'être non seulement un auteur, mais un metteur en scène tatillon et exigeant. Il y a eu le souci permanent d'utiliser les techniques nouvelles : la radio (Beckett est un génie des pièces radiophoniques), le cinéma, la télévision. Il y a eu les rapports aux peintres, et l'activité de critique littéraire (sur Proust, sur Joyce). Et bien d'autres gens, bien d'autres choses.

Je n'ai jamais pensé qu'il faille prendre entièrement au sérieux les déclarations des artistes sur leur vocation absolue, l'impérial calvaire des phrases, la mystique de la page. On retiendra tout de même que pour trouver un écrivain de ce calibre qui se soit aussi peu exposé au monde, aussi peu compromis, il faut chercher longtemps. Il a bien été un constant et attentif serviteur de la beauté, à quoi lui servait d'écrire, comme à distance de soi (à distance de la nature, de la langue « naturelle », et à distance de la mère, de la langue maternelle), dans un idiome secondaire et appris, une langue « étrangère », le français. Il lui a peu à peu conféré un timbre inouï. En particulier par une sorte de cassure intime qui isole les mots pour en rectifier, dans la phrase, la précision, par des ajouts d'épithètes ou des repentirs. Ainsi dans *Mal vu mal dit* :

> Fut-il jamais un temps où plus question de questions ? Mort-nées jusqu'à la dernière. Avant. Sitôt conçues. Avant. Où plus question de répondre. De ne le pouvoir. De ne pouvoir ne pas vouloir savoir. De ne le pouvoir. Non. Jamais. Un rêve. Voilà la réponse.

Mais aussi par l'effet de soudaines expansions lyriques, où le calcul sonore apaise la tension de l'esprit, et l'embaume dans le nocturne de la réminiscence, comme dans *Compagnie* :

> Tu es sur le dos au pied d'un tremble. Dans son ombre tremblante. Elle couchée à angle droit appuyée sur les coudes. Tes yeux refermés viennent de plonger dans les siens. Dans le noir tu y plonges à nouveau. Encore. Tu sens sur ton visage la frange de ses longs cheveux noirs se remuer dans l'air immobile. Sous la chape des cheveux vos visages se cachent. Elle murmure. Écoute les feuilles. Les yeux dans les yeux vous écoutez les feuilles. Dans leur ombre tremblante.

Et aussi par un ton déclaratif qui installe la splendeur de l'univers et la misère apparente de son témoin immobile, comme un spectacle sur lequel la prose lève le rideau, dans *Mal vu mal dit* :

> De sa couche elle voit se lever Vénus. Encore. De sa couche par temps clair elle voit se lever Vénus suivie du soleil. Elle en veut alors au principe de toute vie. Encore. Le soir par temps clair elle jouit de sa revanche. À Vénus. Devant l'autre fenêtre. Assise raide sur sa vieille chaise elle guette la radieuse.

Et aussi par des chutes, des arrêts de l'action qui indiquent, dans la prose de *Assez*, une tendresse jusqu'ici retenue, qui montrent dans le rythme que l'affairement vital n'a pas le dernier mot :

> Je m'en vais maintenant tout effacer sauf les fleurs. Plus de
> pluies. Plus de mamelons. Rien que nous deux nous traî-
> nant dans les fleurs. Assez mes vieux seins sentent sa vieille
> main.

Et aussi par des cocasseries (ici dans *Fragments de théâtre II*) qui annulent ce qu'il pouvait y avoir, dans le ton, de trop élevé :

> Travail, famille, troisième patrie, histoires de fesses, art et
> nature, for intérieur, santé, logement, Dieu et les
> hommes, autant de désastres.

Et enfin, au rebours des césures et des brièvetés ailleurs dominantes, par l'effet de longueur, la flexibilité extrême, que permet le retrait des ponctuations, quand Beckett veut que toutes les données d'une situation ou d'un problème soient enveloppées dans un mouvement prosodique unifié – ce qu'il tente dans *Comment c'est* :

> [...] soit en clair je cite ou bien je suis seul et plus de pro-
> blème ou bien nous sommes en nombre infini et plus de
> problème non plus.

Rectification, ou travail sur l'isolement des vocables. Expansion, ou incise poétique du souvenir. Déclaration, ou office de surgissement de la prose. Déclinaison, ou tendresse infuse du désastre. Interruption, ou maximes du comique. Élongation, ou mise en corps phrasé des variantes. Telles sont, à notre avis, les principales opérations par lesquelles l'écriture de Beckett tente à la fois de dire au plus près l'ingratitude de la terre, et d'isoler, selon sa densité propre, ce qui y fait exception.

C'est pourquoi il faut partir de la beauté de la prose. C'est elle qui nous instruit de ce qu'il importe à Beckett de sauver. Parce que toute beauté, et singulièrement celle qu'il vise, a pour destin de séparer. Séparer l'apparence, qu'elle restitue et oblitère, de ce qui est le noyau universel de l'expérience. Prendre Beckett à la lettre est indispensable. À la lettre de la beauté. Dans sa fonction séparatrice, la lettre nous annonce ce qu'il faut négliger pour se tenir en face de ce qui peut valoir.

L'ascèse méthodique

À sa manière, Beckett retrouve une inspiration de Descartes et de Husserl : si vous voulez mener une enquête sérieuse sur l'humanité pensante, il faut d'abord suspendre tout ce qui est inessentiel ou douteux, ramener l'humanité à ses fonctions indestructibles. Le dénuement des « personnages » de Beckett, leur pauvreté, leurs maladies, leur étrange fixité, ou aussi bien leur errance sans finalité perceptible, tout ce qu'on a souvent pris pour une allégorie des misères infinies de l'humaine condition, n'est que le protocole d'une expérience, qu'il faut comparer au doute par lequel Descartes ramène le sujet à la vacuité de sa pure énonciation, ou à l'*épochè* de Husserl, qui réduit l'évidence du monde à celle des flux intentionnels de la conscience.

Dans la première partie de l'œuvre en français de Beckett, cette ascèse méthodique isole trois fonctions : le mouvement et le repos (aller, déambuler, ou s'affaler, tomber, gésir) ; l'être (ce qu'il y a, les lieux, les apparences, et aussi la vacillation de toute identité) ; le langage (l'impératif du dire, l'impossibilité du silence). Un « personnage » n'est jamais que ce qui agence un trajet, une identité, un bavardage cruel. La fiction, toujours présentée comme arbitraire, ou comme montage aléatoire, tend à déplier la perte de tout ce qui n'est pas réductible aux trois fonctions, et à mettre en évidence que ces fonctions, elles, sont ce qui ne peut s'abolir.

Ainsi pour le mouvement : non seulement l'errance doit être peu à peu détachée de tout sens apparent, mais comme il s'agit de présenter l'essence du mouvement, ce qui dans le mouvement est mouvement, Beckett va détruire en chemin tous les moyens, tous les appuis extérieurs, toutes les surfaces sensibles de la mobilité. Le « personnage » (Molloy, ou Moran) va égarer sa bicyclette, se blesser, ne plus savoir où il est, et même perdre une bonne partie de son corps. Innombrables, dans les proses de Beckett, sont les aveugles, les éclopés, les paralytiques, les vieillards qui ont perdu leur canne, les impuissants, et finalement les corps peu à peu réduits à une tête, une bouche, un crâne avec deux trous pour mal voir et un suintement de mots pour mal dire. Ainsi dépouillé, le « personnage » parvient au moment pur où le mouvement est extérieurement indiscernable de l'immobilité, parce qu'il n'est plus que sa propre et idéelle mobilité, seulement attestée par une infime tension, une sorte de différentielle qu'on dirait, tant alors la prose s'exténue, ramenée à un point de mouvement.

L'immobilité trouverait sa métaphore accomplie dans le cadavre : le « mourir » est la conversion de tout mouvement possible en repos définitif. Mais là encore, l'irréductibilité des fonctions fait que le « mourir » n'est jamais la mort. Dans *Malone meurt*, on voit comment le mouvement et le langage infectent jusqu'au bout l'être et l'immobile, en sorte que le point de l'immobilité est constamment différé ; il ne se laisse construire que comme limite jamais atteinte d'un réseau de plus en plus diminué de mouvements, de réminiscences et de paroles. La poétique est alors celle d'un allègement progressif des contraintes, d'une mise en débris de ce qui retarde le moment de l'immobilité. Si le mouvement est défait, pour n'être plus qu'une différence du repos, le repos, lui, est disposé comme intégrale du mouvement et du langage, comme un mixte étrange de ralentissement de la prose et d'accélération de son émiettement.

Quand Beckett veut se concentrer sur une des fonctions, il s'arrange pour bloquer les autres. C'est ainsi que le « parleur » de *l'Innommable*, enchaîné dans une jarre à l'entrée d'un restaurant, est soustrait à la mobilité, et que son gigantesque monologue n'a plus pour matière que l'impératif du dire. Il ne s'agit pas d'une image tragique. En fait, si l'on considère ce qu'il faut penser dans la beauté de la prose, on dira que ce « personnage », dont le nom propre même est effacé ou indécis, et qui est au comble du dénuement, a bien plutôt réussi à perdre toutes les ornementations secondaires, toutes les possessions douteuses, qui l'auraient détourné de ce qu'il a pour destin d'expérimenter, et qui touche à l'humanité générique, dont les fonctions essentielles sont : aller, être, et dire.

On ne soulignera jamais assez à quel point la confusion entre cette ascèse méthodique, mise en scène avec un humour tendu et volubile, et je ne sais quel pathos tragique sur le dénuement et la misère des hommes, a détourné nos contemporains de toute intelligence *profonde* des écrits de Beckett.

Quand Beckett dit, dans *Comment c'est* :

> [...] les déjections non elles sont moi mais je les aime les vieilles boîtes mal vidées mollement lâchées non plus autre chose la boue engloutit tout moi seul elle me porte mes vingt kilos trente kilos elle cède un peu sous ça puis ne cède plus je ne fais pas je m'exile [...]

on ne comprend pas le texte si on y voit aussitôt une allégorie concentrationnaire de l'animal humain souillé et malade. Il s'agit tout au contraire d'établir ce qui – admis que nous sommes en effet des animaux logés dans une terre insignifiante et chargée d'excréments –, *subsiste* dans l'ordre de la question, de la pensée, de la capacité créatrice (ici, le vouloir du mouvement, opposé à la fuite). Ainsi réduite à quelques fonctions, l'humanité n'en est que plus admirable, plus énergique, plus immortelle.

À partir des années soixante, une quatrième fonction prend une place de plus en plus déterminante :

celle de l'Autre, du compagnon, de la voix extérieure. Ce n'est pas par hasard que les trois parties de *Comment c'est* se rapportent aux trois moments que nomment les syntagmes « avant-Pim », « avec-Pim » et « après-Pim » ; ou qu'un texte plus tardif s'appelle *Compagnie*. Le « avec l'autre » est décisif. Mais là encore, il faut en isoler la nature, par un montage qui évacue toute psychologie, toute évidence, toute extériorité empirique. L'Autre est lui-même un nœud des trois fonctions primitives.

Dans *Comment c'est*, il est assigné au mouvement et au repos : soit il rejoint dans le noir, où comme tout un chacun il rampe avec son sac, un existant immobile, soit il est rejoint, étant immobile, par la reptation du sujet. D'où les fonctions dérivées de l'activité (celui qui tombe sur l'autre, le bourreau) et de la passivité (celui sur qui l'autre tombe, la victime). L'existence de l'Autre n'est pas douteuse, mais sa construction et son identité renvoient à une circularité évasive, puisqu'il est possible d'occuper successivement la position du bourreau, puis celle de la victime, et que rien d'autre ne spécifie l'altérité.

Dans *Compagnie*, le problème est inverse, de ce que l'Autre est assigné cette fois à la troisième fonction, le langage. Il se présente comme une voix qui parvient à quelqu'un dans le noir. La singularité de cette voix n'est pas douteuse, elle raconte des histoires d'enfance d'une rare intensité poétique. Mais comme nul mouvement réel, nulle rencontre corporelle, ne l'atteste, son existence reste suspendue :

il se pourrait qu'on ait seulement « la fable de toi fabulant d'un autre avec toi dans le noir ».

De même que le mouvement, épuré par une ascèse littéraire méthodique, est une différence de l'immobile ; de même que l'immobilité de l'être, ou mort, n'est jamais que la limite inaccessible du mouvement et du langage ; de même l'autre, réduit à ses fonctions primitives, est pris dans le tourniquet que voici : s'il existe, il est comme moi, il est indiscernable de moi. Et s'il est clairement identifiable, il n'est pas certain qu'il existe.

Dans tous les cas, on voit que l'ascèse, métaphoriquement agencée comme perte, dénuement, pauvreté, acharnement sur presque rien, conduit à une économie conceptuelle de type antique, ou platonicien. Car si l'on néglige (et la prose de Beckett est le mouvement de cette négligence, de cet abandon) ce qui est inessentiel, ce qui nous divertit (au sens de Pascal), on voit que l'humanité générique revient au complexe du mouvement, du repos (ou mourir), du langage (comme impératif sans trêve) et des paradoxes du Même et de l'Autre. Nous sommes tout près de ce que Platon, dans *le Sophiste*, nomme les cinq genres suprêmes : Être, Même, Mouvement, Repos et Autre. Si le philosophe Platon y détermine les conditions générales de toute pensée, l'écrivain Beckett entend, par le mouvement ascétique de la prose, présenter en fiction les déterminants intemporels de l'humanité.

Cette humanité qu'on a dite « larvaire », « clownesque », et qui en effet n'est plus, dans *Cap au pire*, composée que de crânes d'où suintent les mots, il faut la penser comme une sorte d'axiomatique épurée, autorisant qu'on aille droit aux seules questions qui valent. Et d'abord à celle qui rend possible l'écriture elle-même, à celle qui peut fonder qu'il y ait lieu d'écrire : quel est le rapport entre le langage et l'être ? Nous sommes contraints de parler, c'est un fait, mais de quoi parle la parole ? De quoi peut-elle parler ?

Être et langage

S'il faut parler, ce n'est pas seulement parce que nous sommes en proie au langage. c'est aussi, et surtout, parce que ce qui est, et dont nous avons l'obligation de parler, s'enfuit, aussitôt que nommé, vers son propre non-être. De sorte que le travail de la nomination est toujours à refaire. Sur ce point, Beckett est disciple d'Héraclite : l'être n'est rien d'autre que son devenir-néant. C'est ce que récapitule une « mirlitonnade » des *Poèmes* :

Flux cause
Que toute chose
Tout en étant,
Toute chose,
Donc celle-là,
Même celle-là,
Tout en étant
N'est pas.
Parlons-en.

Comment dès lors l'impératif du dire, qui commande en particulier l'impératif de l'écrivain, surtout de celui qui n'est « bon qu'à ça », peut-il s'accorder à l'être ? Avons-nous quelque espoir que le langage puisse arrêter le flux, conférer à une chose (*celle-là, même celle-là*) une stabilité au moins relative ? Et sinon, à quoi bon l'impératif *Parlons-en* ?

Pour l'artiste, distinct sur ce point du philosophe, l'opérateur de la pensée est la fiction dans la prose. Que l'être cesse de fuir, de se convertir en néant, suppose que la langue en détermine dans une fiction le lieu, l'assigne à son lieu. Nommer le lieu fictif de l'être : Beckett dévoue à ce point nombre de ses inventions.

Il y a deux lieux de l'être dans les premières fictions de Beckett, selon une opposition qu'on peut dire bergsonienne, car il y a le clos et l'ouvert.

Le lieu clos interdit la fuite, bloque l'identité toujours menaçante de l'être et du néant, parce que l'ensemble des composantes de ce lieu sont dénombrables et exactement nommées. Le but des fictions de clôture est que ce qui se voit soit coextensif à ce qui se dit. Beckett fixe cet objectif dans un petit texte, *Se voir* :

Endroit clos, tout ce qu'il faut savoir pour dire est su.

On trouve, dans cette direction, la pièce où sont enfermés les deux protagonistes de *Fin de partie*, la chambre où Malone meurt (ou plutôt va indéfiniment vers sa mort), ou encore la maison de Monsieur Knott dans *Watt*, et aussi le cylindre où s'affairent les entités du *Dépeupleur*. Dans tous ces cas, le dispositif de la fiction établit un strict contrôle du lieu, construit un univers suffisamment fini pour qu'y soit un temps bloquée la dérobade de l'être quand la prose veut le saisir.

Le lieu ouvert expose en revanche l'aléa des parcours, il renchérit sur la dissipation, il cherche à se tenir au plus près de la fuite des apparences. Il s'agit d'une tout autre égalité entre le langage et l'être : la souplesse du premier se mesure à la versatilité du second. Elle cherche à anticiper les métamorphoses. C'est le cas de la campagne irlandaise, plaine, collines, forêts vagues, où Molloy cherche sa mère, et où Moran cherche Molloy. C'est la ville et le labyrinthe des rues de *l'Expulsé*, et c'est même, puisque nous apprendrons qu'il est infini, le couloir de boue noire où rampent les bourreaux et les victimes de *Comment c'est*. Là, le dispositif de la fiction cherche à capter dans la langue les temps de conversion de l'être en néant. La prose colle à l'être, non par le contrôle de ses éléments, mais parce qu'elle fuit aussi vite, voire plus vite, que lui.

Cependant, peu à peu, Beckett va fusionner les deux figures prosodiques du lieu de l'être. Qu'il s'agisse de l'espace clos ou de l'errance, la suppression de toute particularité descriptive aboutit à une image uniforme de la terre et du ciel, où se mouvoir équivaut à une transparente immobilité. Le texte *Sans* – Beckett avait forgé en anglais le mot *Lessness* –, pure description qui lentement répète ou modifie ses composantes, représente à mes yeux l'aboutissement de l'effort poétique de Beckett pour assigner l'être à un lieu :

> Ciel gris sans nuage pas un bruit rien qui bouge terre sable gris cendre. Petit corps même gris que la terre et le ciel les ruines seul debout. Gris cendre à la ronde terre ciel confondus lointains sans fin.

Il s'agit pour Beckett, dans ce genre de passage, de fixer la *scène* de l'être, d'en déterminer l'éclairage, qui – justement parce que nous sommes « avant » qu'il se passe quelque chose – doit être pris dans la neutralité de ce qui n'est ni la nuit ni la lumière. Quelle est la couleur la plus appropriée au lieu vide qui est le *fond* de toute existence ? Beckett répond : le gris sombre, ou le noir clair, ou le noir marqué d'une couleur incertaine. Cette métaphore désigne l'être dans sa localisation vide de tout événement. Beckett la résume souvent sous le nom de « pénombre ». Ainsi dans *le Dépeupleur* :

> Ce qui frappe d'abord dans cette pénombre est la sensation de jaune qu'elle donne pour ne pas dire de soufre à cause des associations.

Dans *Cap au pire*, la question de la construction prosodique du lieu de l'être, de ce qu'il y a avant tout savoir, ou plutôt du minimum de savoir auquel peut s'accrocher la langue, est explicite, sous le nom de pénombre :

> Pénombre obscure source pas su. Savoir le minimum. Ne
> rien savoir non. serait trop beau. Tout au plus le minime
> minimum.

Et que ce « minime minimum » soit l'être d'un
lieu vide en attente des corps, de la langue, des événements, est très précisément noté :

> Disparition du vide ne se peut. Sauf disparition de la
> pénombre. Alors disparition de tout.

On pourrait, au terme de cette simplification fic-
tive, appeler le lieu de l'être, ou pénombre, un
« noir-gris ». Un noir assez gris pour qu'il ne soit
pas en contradiction avec la lumière, un noir qui
n'est l'opposé de rien, un noir anti-dialectique.
C'est là que deviennent indistinguables le clos et
l'ouvert, là que le voyage et la fixité sont des méta-
phores réversibles de ce qui, de l'être, est exposé au
langage.

Bien entendu, le noir-gris lui-même ne se laisse
pas dire de façon claire et distincte. C'est du reste
pourquoi l'écriture littéraire est ici requise. Il faut
renverser l'équivalence cartésienne entre le vrai et le
clair-et-distinct. Ainsi dans *Molloy* :

> Je le crois, oui, je crois que tout ce qui est faux se laisse
> davantage réduire, en notions claires et distinctes, dis-
> tinctes de toutes les autres notions.

Si le noir-gris, qui ne sépare pas le noir et la
lumière, est le lieu de l'être, la prose artistique est

exigible, car elle seule charrie une pensée possible de l'in-séparé, de l'indistinct. Elle seule peut parvenir au point exact où l'être, loin de se laisser penser dans une opposition dialectique au non-être, maintient avec lui une trouble équivalence. Ce point où, comme le dit Malone (non sans nous avoir avertis qu'on peut ainsi « empester toute une langue ») : « Rien n'est plus réel que rien. »

Il s'en faut cependant de beaucoup que la seule réquisition des ressources du poème latent surmonte tous les obstacles. Car il n'y a pas que le lieu, ou, comme le dit aussi Mallarmé, il n'est pas vrai que « rien n'a eu lieu que le lieu ». Toute fiction en effet, si dévouée qu'elle soit à l'établissement, en clôture, en ouverture, ou en noir-gris, du lieu de l'être, suppose ou enchaîne un sujet. Et ce sujet s'excepte du lieu du simple fait qu'il le nomme, et qu'en même temps il se tient à distance de cette nomination. Celui pour qui il y a le noir-gris ne cesse de réfléchir et de reprendre le travail poétique de la localisation. Ce faisant, il advient comme un supplément incompréhensible de l'être, supplément que la prose charrie dans le temps même où toute son énergie se dispose, faisant s'équivaloir le réel et le rien, à ne laisser place à aucun supplément.

De là la torture du *cogito*.

Le sujet solitaire

Admettons que le sujet, enchaîné à la langue, soit la pensée de la pensée, ou la pensée de ce qui se pense dans la parole. En quoi consiste alors l'effort de la fiction pour le saisir, pour le réduire, pour faire cesser cette exception lancinante au pur noir-gris de l'être ? L'écriture, ce lieu d'expérimentation, va annuler les autres fonctions primitives de l'humanité : le mouvement, le rapport à l'autre. On va tout réduire à la voix. Planté dans une jarre, ou cloué sur un lit d'hôpital, le corps, captif, mutilé, mourant, n'est plus que le support presque perdu d'une parole. Comment une telle parole, ressassante, interminable, peut-elle s'identifier elle-même, se réfléchir ? Elle ne le peut – comme Blanchot analysant Beckett l'a parfaitement dit – qu'en revenant au silence qu'on peut supposer à l'origine de toute parole. L'enjeu de la voix est de traquer, à grand renfort de fables, de fictions narratives, de concepts, le pur point d'énonciation, le fait que ce qui est dit relève d'une faculté singulière de dire, qui, elle, ne se dit pas, s'épuise dans ce qui est dit, mais reste toujours en deçà, silence indéfiniment producteur du tumulte verbal.

Pour se saisir et s'annuler, la voix doit entrer dans son propre silence, produire son propre silence. Telle est bien l'espérance fondamentale du « héros » de *l'Innommable* :

> [...] c'est un rêve, c'est peut-être un rêve, ça m'étonnerait, je vais me réveiller, dans le silence, ne plus m'endormir, ce sera moi, ou rêver encore, rêver un silence, un silence de rêve.

Or il se trouve que cet objectif est inaccessible.

Il l'est d'abord parce que les conditions nécessaires à l'obtention de ce réveil de la langue dans son silence premier, soumettent le sujet de la voix à une intolérable torture.

Tantôt cette voix s'exaspère, prolifère, invente mille fables, gémit et s'élance. Mais cette mobilité est insuffisante pour le but poursuivi : détruire le langage par excès et saturation, obtenir le silence par la violence faite aux mots.

Tantôt au contraire la voix s'exténue, bégaie, se répète, n'invente rien. Mais cette stérilité n'est pas non plus suffisante pour que, de la langue fatiguée et rompue, surgisse le silence originel.

Cette oscillation entre un excès si violent qu'il détruit, non la langue, mais le sujet, et un défaut qui l'expose en vain aux affres du « mourir », installe le sujet du *Cogito* beckettien dans une véritable terreur :

> Moi [le héros de *l'Innommable*] je ne pense, si c'est là cet affolement vertigineux comme d'un guêpier qu'on enfume, que dépassé un certain degré de terreur.

Mais l'objectif est inaccessible aussi de ce que la réflexion, telle que déposée dans la voix, n'a pas la structure simple (un qui parle et un – le même – qui pense la parole pour qu'elle fasse silence) que d'abord on peut imaginer.

Dans les *Textes pour rien*, qui correspondent chez Beckett à une grave crise, en sorte que le titre doit être pris, comme toujours, au pied de sa lettre (ces textes sont écrits pour rien, rien dans la pensée de l'artiste n'en résulte), Beckett montre que le sujet n'est pas double (la pensée et la pensée de la pensée), mais triple, et que tenter de ramener à l'unicité du silence cette triplicité est absolument impossible. Voici cette décomposition en trois du *cogito*, dans *Nouvelles et textes pour rien* :

> [...] un qui parle en disant, tout en parlant. Qui parle, et de quoi, et un qui entend, muet, sans comprendre, loin de tous [...]. Et cet autre [...] qui divague ainsi à coup de moi à pourvoir et de lui dépourvu [...]. Voilà un joli trio, et dire que tout ça ne fait qu'un, et que cet un ne fait rien, et quel rien, il ne vaut rien.

Notons soigneusement les composantes de ce « joli trio ».

Il y a d'abord le sujet qui parle, sujet du dire, sup-posé capable également de demander « qui parle ? » dans le temps même où il parle. Appelons-le le sujet de l'énonciation.

Il y a ensuite le sujet passif, qui entend sans comprendre, qui est « éloigné » parce qu'il est la matière obscure de celui qui parle, le support, le corps idiot de toute subjectivité pensante. Appelons-le le sujet de la passivité.

Il y a enfin le sujet qui se demande ce que sont les deux autres, le sujet qui veut identifier le « moi » de la parole, le sujet qui veut savoir ce qu'il en est de l'être du sujet, et qui, pour y parvenir, se soumet à la torture. Appelons-le le sujet de la question.

On peut prendre « question » en son sens judi-ciaire, celui du suspect « mis à la question ». Car quelle est cette torture de la pensée ? Nous avons dit : la pénombre, le noir-gris qui localise l'être, n'est finalement qu'une scène vide. Pour la remplir, il faut se tourner vers cette irréductible région de l'existence qu'est la parole, la troisième fonction universelle de l'humanité, avec le mouvement et l'immobilité. Mais qu'est-ce que l'être d'une parole, sinon le sujet parlant ? Il faut donc, littéralement, que le sujet se *torde* vers sa propre énonciation. Et cette fois, c'est l'expression « se tordre de douleur » qu'il faut interpréter littéralement. Or cette torsion est aussi un écartèlement, dès lors qu'on s'aperçoit que l'identité du sujet est triple, et non pas seule-ment double.

Le sujet « vrai », celui qu'il faudrait reconduire au silence, et qui nous dévoilerait *ce qu'il y a* dans la pénombre de l'être, est l'unité des trois. Mais cette unité, nous dit Beckett, ne vaut rien. Pourquoi, après tout ? Qu'elle ne soit « rien » n'est pas un défaut, puisque nous avons vu, à propos du noir-gris de l'être, que « rien n'est plus réel que rien ». Oui, mais tout le problème est qu'à la différence du noir-gris de l'être, en effet indiscernable du rien (parce que l'être et le néant, c'est la même chose), le sujet résulte d'une question. Or, toute question impose des valeurs, exige qu'on puisse se demander : que vaut la réponse ? Si finalement, après un labeur de parole harassant, on ne trouve, comme réponse, que ce qu'il y avait avant toute question (le rien, le noir gris), la torture de l'identification du sujet n'aura été qu'une amère bouffonnerie. Si quand vous comptez pour un le sujet de l'énonciation, le sujet de la passivité et le sujet de la question, la question elle-même se dissipe dans le retour à l'indifférence de l'être, c'est que vous avez mal compté.

Il en résulte que vous devez recommencer. Recommencer alors que vous venez de constater que tout ce travail est impossible. La torture a pour seul résultat l'injonction désolante, désertique, d'avoir à s'y soumettre encore. Telle était du reste la conclusion de *l'Innommable* :

> Il faut continuer, je ne peux pas continuer, je vais continuer.

Le *cogito* de la pure voix est insupportable (au sens strict : nul ne peut, dans l'écriture, le supporter), mais il est aussi inévitable.

Parvenus à ce point, il semble que nous soyons dans l'impasse, et tel a bien été, au moment de ces *Textes pour rien*, le sentiment de Beckett. Il s'agissait de savoir si on pouvait continuer, et la réponse était négative. Comment continuer à osciller, sans secours ni recours, et sans résultat, entre le noir-gris de l'être et la torture infinie du *cogito* solipsiste ? Quelles fictions neuves peuvent s'engendrer dans un tel battement ? Une fois nommé l'être, et expérimentée l'impasse du sujet qui est, dans l'être, en exception, à quoi s'alimente, sinon à la pure impossibilité de rejoindre le silence qui la constitue, la parole de l'écrivain ?

En finir avec l'alternance de l'être neutre et de la réflexion vaine était nécessaire à Beckett pour sortir de la crise. Rompre avec le terrorisme cartésien. Il fallait pour cela trouver quelques tiers termes, ni réductibles au lieu de l'être, ni identiques au ressassement de la voix. Il importait que le sujet s'ouvre à une altérité, cesse d'être *plié* vers lui-même dans une parole interminable et torturante. D'où, à partir de *Comment c'est* (1960), l'importance grandissante de l'événement (qui *s'ajoute* à la pénombre de l'être) et de la voix de l'autre (qui interrompt le solipsisme).

L'événement et son nom

Peu à peu, non sans hésitations ni repentirs, l'œuvre de Beckett va s'ouvrir au hasard, aux incidents, à de brusques modifications du donné, et ainsi à l'idée du bonheur. Le dernier mot de *Mal vu mal dit* est justement : « Connaître le bonheur. »

C'est pourquoi nous sommes tout à fait opposé à l'idée commune selon laquelle Beckett serait allé vers un dénuement nihiliste, vers une radicale opacité des significations. Le dénuement, tant des scènes et des voix que de la prose, nous avons dit qu'il était une méthode dirigée contre le divertissement, et dont l'appui grandissant est la poétisation de la langue. L'opacité tient à ce que Beckett substitue la question : comment nommer ce qui arrive ? à la question : quel est le sens de ce qui est ? Or la ressource de bonheur est bien plus grande quand on se tourne vers l'événement, que quand on cherche en vain le sens de l'être.

Nous pensons que le trajet de Beckett est plutôt celui qui part d'une sourde croyance à la prédestination, et se dirige vers l'examen des conditions possibles, fussent-elles aléatoires et minimes, d'une liberté.

Certes, l'interrogation sur l'événement est, nous allons le voir, centrale dans *Watt*, qui date de 1942-1943. Mais l'immense succès de *En attendant Godot* (1948), après l'impasse où mène la trilogie (*Molloy*, *Malone meurt* et *l'Innommable*), a dissimulé ce premier élan. On a retenu de ces œuvres que jamais rien ne se passe. Molloy ne trouvera pas sa mère, Moran ne trouvera pas Molloy ; Malone étire à l'infini les fables qui peuplent son agonie, mais la mort ne vient pas ; l'Innommable n'a pas d'autre maxime que de continuer toujours. Et Godot, bien entendu, on ne peut que l'attendre, il n'est que la promesse toujours recommencée de sa venue. C'est dans cet élément sans surgissement ni nouveauté que la prose oscille entre la saisie d'un être indifférent, et la torture d'une réflexion sans effet.

Dans *Watt*, le lieu de l'être est absolument clos, il valide un strict principe d'identité. C'est un lieu complet, autosuffisant, éternel :

> [...] à la maison de Monsieur Knott rien ne pouvait être ajouté, rien soustrait, telle elle était alors, telle elle avait été au commencement, et telle elle resterait jusqu'à la fin, sous tous les rapports essentiels.

On pourrait donc croire que nous sommes dans un univers typiquement prédestiné. La connaissance est sans liberté d'aucune sorte, elle consiste en questions relatives aux lois du lieu. Il s'agit de tenter, toujours en vain, de comprendre les impénétrables desseins de Monsieur Knott. Où se trouve-t-il en ce moment ? Dans le jardin ? Dans les étages ? Que prépare-t-il ? Qui aime-t-il ? Aux prises avec des lois obscures – c'est la dimension kafkaïenne de ce livre –, la pensée s'irrite et se fatigue.

Ce qui la sauve est ce qui fonctionne « hors loi », ce qui vient s'ajouter à la situation – pourtant déclarée close et incapable d'ajout –, que symbolise la maison de Monsieur Knott. Watt nomme « incidents » ces suppléments paradoxaux. Par exemple, le fait qu'on dépose devant la porte des seaux d'ordures destinés à des chiens dont la provenance est, selon les lois perceptibles de la Maison, incompréhensible. Et Watt déclare, à propos de ces incidents, qu'ils sont « brillants de clarté formelle et au contenu impénétrable ».

La pensée va alors s'éveiller à tout autre chose que la vaine saisie de sa propre prédestination, pour ne pas parler de la torture induite par l'impératif de la parole. Elle va tenter, par des hypothèses et des variations, de porter son intelligence du « contenu impénétrable » des incidents à la hauteur de leur « clarté formelle ». Clarté formelle qui désigne le caractère circonscrit et unique, la brillance événementielle, le pur et délectable « surgir », des incidents en question.

Mais il reste à Beckett, s'agissant de l'événement, une étape à franchir. Celle qui mène d'une volonté de lui trouver un sens (voie décourageante, parce que justement l'événement est ce qui est soustrait à tout régime du sens), au désir tout différent de lui donner un nom.

Dans *Watt*, il n'y a encore que la première figure, ce qui fait que le roman n'est pas entièrement détaché d'une symbolique religieuse (nous appelons « religion » le désir de donner sens à tout ce qui arrive). Watt est un interprète, un herméneute. Même l'hypothèse du non-sens est captive d'une volonté acharnée de donner sens, et plus encore de raccorder ce sens à un sens originel, un sens perdu et retrouvé (ce qui est la pente inéluctable de ce que nous nommons « religion » : le sens était là depuis toujours, mais l'homme l'a égaré) :

> [...] la signification attribuée à cet ordre d'incidents par Watt, dans ses relations, était tantôt la signification originale perdue et puis recouvrée, et tantôt une signification tout autre que la signification originale, et tantôt une signification dégagée, dans un délai plus ou moins long, et avec plus ou moins de mal, de l'originale absence de signification.

Ainsi dans *Watt*, il y a cette chance pour la pensée que l'événement existe. Mais le mouvement de la pensée, une fois éveillée par les incidents, retourne vers l'origine et la répétition du sens. L'attraction prédestinante de la maison de Monsieur Knott est la plus forte. Il est toujours question de raccorder les incidents au foyer supposé de toutes les significations.

Presque à l'autre extrémité de la trajectoire de Beckett, dans *Mal vu mal dit,* ou dans *Cap au pire,* nous retrouvons la fonction centrale de l'événement, mais l'éveil de la pensée fonctionne tout à fait autrement. Il n'est plus question du jeu du sens et du non-sens.

Déjà dans *Fin de partie* (1952), Clov se moque de l'idée de Hamm selon laquelle « si quelque chose suit son cours », il faut en conclure qu'il y a de la signification :

Signifier ? Nous, signifier ? Ah ! elle est bien bonne !

Que veut dire « mal vu mal dit » ?

L'événement est forcément « mal vu », puisqu'il est justement ce qui est en exception des lois ordinaires de la visibilité. Le « bien vu » nous renvoie à l'indifférence du lieu, au noir-gris de l'être. La brillance formelle de l'incident, du « ce qui arrive », par la surprise qu'elle impose, déjoue le voir et le bien voir.

Mais l'événement est aussi « mal dit ». Car le bien dire n'est que le ressassement des significations établies. Il n'est pas question, fût-ce sous le prétexte du sens, de ramener la nouveauté formelle de l'événement à ces significations elles-mêmes charriées par la langue ordinaire. Au « mal-vu » de l'événement doit correspondre une invention verbale, une nomination inconnue, et par conséquent un « mal dit », si l'on se rapporte aux lois usuelles du langage.

« Mal vu mal dit » désigne l'accord possible entre ce qui, pur surgissement, est en exception des lois du visible (ou de la présentation), et ce qui, inventant poétiquement un nom nouveau pour ce surgissement, est en exception des lois du dire (ou de la représentation).

Tout se joue sur l'harmonie entre un événement et le surgissement poétique de son nom.

Lisons ce passage étonnant de *Mal vu mal dit* :

> Pendant l'inspection, soudain un bruit. Faisant sans que celle-là s'interrompe que l'esprit se réveille. Comment l'expliquer ? Et sans aller jusque-là comment le dire ? Loin en arrière de l'œil la quête s'engage. Pendant que l'événement pâlit. Quel qu'il fût. Mais voilà qu'à la rescousse soudain il se renouvelle. Du coup le nom commun peu commun de croulement. Renforcé peu après sinon affaibli par l'inusuel languide. Un croulement languide. Deux. Loin de l'œil tout à sa torture toujours une lueur d'espoir. Par la grâce de ces modestes débuts.

Notons soigneusement les étapes par lesquelles Beckett fixe dans la prose le mouvement du « mal vu mal dit ».

1) La situation de départ est « l'inspection », comprenons l'office normal du voir, et du bien voir, qui s'épuise (Beckett dit que l'œil est « tout à sa torture toujours ») à considérer ce qu'il y a, le séjour neutre de l'être.

2) L'événement, ramené par la méthode de l'ascèse à un simple trait, est un bruit, qui est en exception (« soudain ») de la monotone et ressassante inspection.

3) « L'esprit se réveille ». Confirmation de ce que la pensée n'est diurne et vigilante que sous l'effet d'un événement.

4) La question qui constitue l'éveil de la pensée est d'abord portée vers l'explication (« comment l'expliquer ? »), ce qui est la figure dominante dans *Watt*. Mais le sujet y renonce aussitôt au profit d'une tout autre question, celle du nom : « Comment le dire ? »

5) Ce nom est doublement inventé, doublement soustrait aux lois ordinaires du langage. Il se construit du substantif « croulement », dont on note qu'il est « peu commun », et de l'adjectif « languide », qui est « inusuel », et qui en outre ne convient pas au substantif. Pour tout dire, ce nom est une composition poétique (un mal dit), une surprise dans la langue, accordée à la surprise, au « soudain » de l'événement (un mal vu).

6) Cet accord produit « une lueur d'espoir ». Il s'oppose à la torture de l'inspection. Il n'est certes qu'un commencement, un modeste début, mais ce commencement vient à la pensée qu'il éveille comme une grâce.

Quel est ce début ? Quel est cet espoir ? Quelle puissance détient l'accord précaire entre le surgissement du nouveau et l'invention poétique d'un nom ? N'hésitons pas à dire qu'il s'agit de l'espoir d'une vérité.

Le sens, la torture du sens, c'est l'accord interminable et vain entre ce qu'il y a et la langue ordinaire, entre le bien voir et le bien dire, accord qui est tel qu'on ne peut pas même décider si c'est le langage qui ordonne cet accord, ou si c'est l'être qui le prescrit. C'est la fatigante torture, disons-le, de toutes les philosophies empiristes.

Une vérité commence par l'accord ordonné entre un événement séparable, « brillant de clarté formelle », et l'invention dans la langue d'un nom qui désormais le détient même si, comme c'est inévitable, l'événement « pâlit » et finalement disparaît. Le nom en assurera, dans la langue, la garde.

Mais si quelques vérités existent, le bonheur n'est pas exclu. Il faut seulement exposer ces vérités à l'épreuve de l'Autre. Il faut expérimenter si une vérité au moins peut être partagée. Comme dans *Assez* les vieux amants partagent en tout cas des certitudes mathématiques :

> Nous nous réfugiions dans l'arithmétique. Que de calculs mentaux effectués de concert pliés en deux !

Le poème des nominations improbables rend possible d'imaginer une mathématique amoureuse.

Les autres

Bien que Molloy, Malone ou l'Innommable cherchent et rencontrent d'autres supposés sujets, ils vont vers leur solitude. La tonalité de *l'Innommable* est même nettement solipsiste. C'est sans doute au théâtre, avec les couples de Vladimir et d'Estragon *(En attendant Godot)*, ou de Hamm et de Clov *(Fin de partie)* que vient sur le devant de la scène ce qui ne cessera plus d'être au cœur des fictions de Beckett : le couple, le Deux, la voix de l'autre, et finalement l'amour. Cet amour dont Malone, pour à la fois retarder et faire venir la mort dans son éloignement, raconte tout ce qu'il contient

de marivaudages, de frayeurs et de farouches attouchements, dont il importe seulement de retenir ceci, qu'ils firent entrevoir à Macmann ce que signifiait l'expression être deux.

Cependant, l'être-deux s'inscrit dans le plusieurs, dans la bizarre multiplicité des animaux humains. Toujours soucieux de ramener la prolifération des détails à quelques traits cruciaux, Beckett consacre certains de ses textes à disposer, sur fond d'être anonyme, l'affairement de l'humanité plurielle, à classer les postures, à dresser la liste des fonctions. Ces écrits sont des comédies humaines où la diversité des figures sociales et subjectives est remplacée par un dénombrement, qu'on déclare exhaustif, de tout ce que l'existence contient de possibilités essentielles. Ce sont aussi des divines comédies, car la volonté de procéder à l'inventaire complet des actions et des situations (toujours bien entendu sous la règle de l'ascèse méthodique) suppose un lieu fixe, éloigné de toute réalité empirique, et qui est une sorte de *no man's land* entre la vie et la mort, comme s'il fallait, pour être assuré que la prose s'empare définitivement de la pluralité humaine, qu'elle fonde une sorte d'éternité, un laboratoire séparé, où l'on observe de façon intemporelle les animaux concernés. Il est certain que ces laboratoires ressemblent aux décors de Dante, et l'on sait, du reste, que Beckett a pratiqué assidûment, en particulier, le cinquième chant de *l'Enfer*.

Dans *le Dépeupleur* (1967-1970), le lieu est un grand cylindre en caoutchouc soumis, pour ses paramètres physiques (lumière, température, sons, etc.) à des lois aussi strictes et aussi contingentes que les lois de la physique scientifique. Tout un petit peuple de gens n'y a pour but que de chercher son dépeupleur. C'est le tout début de la fable :

> Séjour où des corps vont cherchant chacun son dépeupleur.

Qu'est-ce que le « dépeupleur » ? C'est l'autre propre de chacun, celui qui le singularise, qui l'arrache à l'anonymat. Être « dépeuplé », c'est advenir à soi-même, ne plus être un simple élément de la petite troupe des chercheurs. Beckett surmonte ainsi les antinomies douloureuses du *Cogito* : ce n'est pas du face-à-face verbal avec soi-même que dépend l'identité de chacun, c'est de la découverte de son autre.

À partir de cette donnée simple, et à travers la description minutieuse des avatars de la recherche (il faut courir dans le cylindre, monter sur des échelles, explorer des niches situées à diverses hauteurs, etc.), Beckett parvient à dégager des critères de classification de la pluralité humaine.

Le plus important de ces critères distingue les humains qui cherchent, et ceux qui ont renoncé à chercher. Ces derniers ont cédé sur leur désir, puisque dans le cylindre il n'existe aucun autre désir que celui d'être dépeuplé (ce qui veut dire : aucun autre désir que celui, comme dirait Nietzsche, très fréquenté par le jeune Beckett, de « devenir qui on est », par la médiation de son autre). Ces chercheurs défaits sont appelés des vaincus. On notera qu'être vaincu n'est jamais être vaincu par l'autre, c'est au contraire y renoncer.

Le deuxième critère nous renvoie aux catégories primitives du mouvement et du repos. Certains chercheurs circulent sans arrêt, d'autres s'arrêtent, d'autres enfin ne bougent plus.

Beckett récapitule ainsi les groupes humains que l'on peut, à l'aide des deux critères, décrire et énumérer :

> Vus sous un certain angle ces corps sont de quatre sortes. Premièrement ceux qui circulent sans arrêt. Deuxièmement ceux qui s'arrêtent quelquefois. Troisièmement ceux qui à moins d'en être chassés ne quittent jamais la place qu'ils ont conquise et chassés se jettent sur la première de libre pour s'y immobiliser de nouveau. [...] Quatrièmement ceux qui ne cherchent pas ou non-chercheurs assis pour la plupart contre le mur.

Les vivants absolus nomadiques (première catégorie) et les vaincus (quatrième catégorie) sont des figures extrêmes du désir humain. Entre les deux (deuxième et troisième figures), on trouve ceux que Beckett nomme les « sédentaires ».

Un point toutefois contient tout l'optimisme paradoxal de Beckett : il peut arriver, très rarement, presque jamais, mais non point jamais, qu'un chercheur vaincu retourne dans l'arène de la recherche. C'est ce que nous appelons la conception beckettienne de la liberté : certes, nous pouvons être vaincus, c'est-à-dire défaits dans le désir qui nous constitue. Mais même alors, toutes les possibilités existent, y compris que cette défaite, irréversible dans son essence (car comment celui dont le désir est mort pourrait-il seulement désirer que revienne son désir ?), soit miraculeusement réversible.

Tout sédentaire est en possibilité de nomadisme. Et même celui qui cède sur son désir peut soudain (c'est alors, au sens fort, un événement) désirer désirer. Il n'y a pas de damnation éternelle, l'enfer peut s'avérer, pour tel ou tel qui y séjourne, n'être qu'un purgatoire.

Cette indestructibilité des possibles là même où on y a renoncé est affirmée par Beckett dans un passage extraordinairement dense, qui est un parfait exemple de ce que j'ai appelé l'« élongation » de la phrase, le style non ponctué unifiant toutes les ramifications de l'idée :

> [...] dans le cylindre le peu possible là où il n'est pas n'est seulement plus et dans le moindre moins le rien tout entier si cette notion est maintenue.

Cet énoncé s'élucide ainsi : d'une part, toute défaillance du désir de chercher son autre est absolue. Car si ce désir s'amoindrit (« le moindre moins »), c'est comme s'il s'annulait (dans le moindre moins, il y a « le rien tout entier »). D'autre part cependant, ce qui n'est pas possible (comme de recommencer à chercher si on a renoncé) n'est pas à proprement parler et définitivement impossible, mais seulement et provisoirement « plus possible ». C'est dire que le choix de renoncer détruit tout. Mais que la *possibilité* inhérente au choix reste mystérieusement indestructible.

Une figure de la pluralité humaine est toujours suspendue entre l'irréversibilité des choix, et la maintenance, donc la réversibilité, des possibles.

Dans *Comment c'est,* sans doute la plus grande prose de Beckett avec *Assez* et *Mal vu mal dit,* la distribution des figures obéit à un principe différent.

Les animaux humains rampent dans une sorte de boue noire, tirant avec eux un sac de nourriture. Il y a quatre possibilités dans cet impératif voyageur :

1) Continuer à ramper seul dans le noir.

2) Rencontrer quelqu'un en position active, lui tomber dessus dans le noir. C'est la figure dite du bourreau. On remarquera que l'activité principale du bourreau est d'extorquer à sa victime, au besoin en lui plantant dans les fesses le couvercle aiguisé d'une boîte de conserve, des histoires, des fables d'une autre vie, des réminiscences. Ce qui prouve que le bourreau veut lui aussi être « dépeuplé », arraché à la solitude, soustrait au noir de la reptation infinie, par celui qu'il rencontre.

3) Être abandonné par celui qu'on a rencontré. Il ne reste plus alors qu'à s'immobiliser dans le noir.

4) Être rencontré par quelqu'un, cette fois en position passive : il vous tombe dessus alors que vous êtes immobile dans le noir, et c'est vous qui

devrez lui donner son comptant de fables. C'est la
position dite de la victime.

Le dénombrement des figures génériques de
l'humanité opère une fois encore une combinaison
du couple mouvement/repos et du couple soi/autre.
On peut être un solitaire qui voyage, un solitaire
immobile, un bourreau ou une victime.

Ces figures sont régies par un strict principe
d'égalité, aucune n'est supérieure aux autres. L'em-
ploi des mots « bourreau » et « victime » ne doit pas
nous égarer. Aucun pathétique, aucune éthique n'y
est sous-entendue. Sinon celle de la prose, dont
Beckett nous avertit qu'elle pourrait bien être exa-
gérée, car les mots « sonnent » toujours trop pour
préserver l'anonymat et l'égalité des figures que
peut revêtir l'animal humain. Cette égalité des
figures légitime l'énoncé suivant, d'une grande
profondeur :

> En tout cas on est dans la justice je n'ai jamais entendu
> dire le contraire.

La justice ici mentionnée ne se rapporte à aucune
norme, à aucune finalité. Elle concerne l'égalité
ontologique des figures du sujet humain générique.

S'agissant des moments où l'on est soit bourreau,
soit victime, et donc dans l'extorsion d'une parole
ou d'un récit, Beckett déclare qu'ils relèvent de « la
vie dans l'amour stoïque ». C'est établir un double
lien. Celui qui fait de l'amour le vrai nom de la rencontre, par un sujet, de son autre, ou de son dépeu-

pleur. Et celui qui noue à cette rencontre les tendres fables du passé.

Franchies, grâce au dispositif fictionnel de la rencontre d'un autre, les limites terrorisantes du *cogito* solipsiste, ce qu'on découvre est à la fois la puissance de l'amour, et la ressource de la nostalgie.

L'amour

L'événement où l'amour s'origine est la rencontre.
Dès les années trente, dans *Murphy*, Beckett sou-
ligne que la puissance de la rencontre est telle que
rien, ni dans le sentiment, ni dans le corps désirant,
n'est à sa mesure :

> [...] se rencontrer comme moi je l'entends, cela dépasse
> tout ce que peut le sentiment, si puissant soit-il, et tout ce
> que sait le corps, quelle qu'en soit la science.

Si la question de l'existence et de la différence de
l'autre est prégnante, c'est que s'y joue la possibilité
de la rencontre, et que sur ce point Beckett monte
des dispositifs d'expérience littéraire aussi bien pour
évaluer l'hypothèse négative (comme *Compagnie*,
dont le dernier mot est « seul »), que pour soutenir
l'hypothèse positive (comme dans *Assez*, ou *Oh ! les
beaux jours*, quand la figure du couple est indiscu-

table, et produit une forme étrange et forte du bonheur).

La rencontre fait surgir le Deux, elle fracture l'enfermement solipsiste. Ce Deux primordial est-il sexué ? Nous ne parlons pas ici des nombreuses scènes sexuelles, généralement carnavalesques, qu'on trouve dans les récits de Beckett, et où le délabrement des vieillards est joyeusement, voire tendrement, représenté. Nous cherchons si la rencontre, et l'amour, disposent des figures sexuées.

On a souvent prétendu que les « couples » de Beckett étaient en fait asexués, ou masculins, et qu'il y avait quelque chose d'interchangeable – ou d'homo-sexué – dans la position des partenaires. Nous n'en croyons rien. Certes, Beckett ne part pas, en général, de l'évidence empirique qui distribue les animaux humains en hommes et en femmes. L'ascèse méthodique lui interdit cette possibilité, et il prend souvent soin que les pronoms et les articles ne permettent pas de décider le sexe du locuteur, ou du « personnage ». Mais les effets de la rencontre fixent bien deux positions absolument dissemblables, en sorte qu'on peut dire que, pour Beckett, les sexes ne préexistent pas à la rencontre amoureuse, qu'ils en sont bien plutôt le résultat.

En quoi consiste cette dissemblance ? Dans *Comment c'est*, nous l'avons vu, il y a, après qu'un animal humain est tombé sur un autre, la figure du bourreau et celle de la victime. Convenons de dire que la première est « masculine », la deuxième « féminine » (et il est vrai que Beckett se garde de prononcer ces mots). Cette distinction, il faut insister sur ce point, n'a nul rapport avec une « identité » des sujets. Au demeurant, une victime peut, sous la condition d'une rencontre où c'est « elle » qui tomberait sur un autre, devenir bourreau. Mais de l'intérieur d'une situation amoureuse donnée (appelons « amour » ce qui procède d'une rencontre), il y a forcément ces deux figures.

Or elles sont loin de se résumer à l'opposition de l'actif et du passif. Il faut ici prendre garde à la complexité de la construction de Beckett.

Par exemple, au bout d'un temps indéterminé, c'est la victime qui s'en va, laissant le bourreau « immobile dans le noir ». Il faut donc comprendre que quiconque est en voyage avec son sac est du côté « féminin », ou du moins vient du féminin, cependant que quiconque est abandonné immobile dans le noir est du côté « masculin », ou du moins y stagne. On opposera donc la mobilité qu'autorise le féminin à une tendance, dans le masculin, à l'immobilité morose.

De même, il est certain que la figure du bourreau est celle du commandement, de l'impératif. Mais quel en est le contenu ? Il s'agit d'extraire de la victime des récits, des réminiscences, des lambeaux de tout ce qui touche à ce que Beckett nomme magnifiquement « le temps béni du bleu ». On est donc fondé à dire que si du côté masculin on retrouve l'impératif – mi-jouissance, mi-torture – du « continuer », c'est du côté féminin que se disposent la puissance du récit, l'archivage de l'errance, la mémoire de la beauté.

Finalement, toute rencontre prescrit quatre grandes fonctions : la force de l'errance, la douleur de l'immobilité, la jouissance de l'impératif, et l'invention du récit.

C'est à partir de ces quatre fonctions que la rencontre détermine le surgissement des positions sexuées. On dira « masculine » la combinaison de l'impératif et de l'immobilité. On dira « féminine » celle de l'errance et du récit.

Dans *Assez*, nous trouvons une détermination plus profonde encore de la dualité des sexes induite par l'amour. La position masculine y est spécifiée par un constant désir de séparation. L'héroïne (je ne la dis « femme » que de ce qu'elle occupe la position in-séparée, justement) déclare :

Nous nous étions scindés, si c'est cela qu'il désirait.

Dans *Oh ! les beaux jours*, on voit tout aussi clairement que c'est Willie qui se tient à l'écart, qui est invisible et absent, et Winnie qui proclame, déclare légitime, l'éternité, jour après jour, du couple.

La position masculine entretient en effet le désir d'une scission. Il ne s'agit pas de retourner au solipsisme, il s'agit que le Deux soit éprouvé, re-prouvé, dans l'entre-Deux, dans ce qui distingue ses deux termes. Le désir masculin est affecté, infecté, par le vide qui sépare les positions sexuées dans l'unité même du processus amoureux. L'« homme » désire le *rien* du Deux. Tandis que la « femme », gardienne errante et récitante de l'unité originelle, du point pur de la rencontre, ne désire *rien que* le Deux, soit la ténacité infinie d'un Deux qui dure.

Elle est « le dur désir de durer », tandis qu'est masculine la perpétuelle tentation de voir où est exactement le vide qui passe entre Un et Un.

Mais ce qu'il y a de plus admirable encore dans ce texte est l'examen des rapports entre l'amour et la connaissance, entre le bonheur de l'amour et la joie de la connaissance. Nous avons déjà cité le passage où le couple se soutient dans sa marche par de vastes considérations arithmétiques. « Masculine » est cette figure du savoir gratuit, de l'encyclopédie, aimée comme telle par la femme, et où le ciel surgit dans le miroir de la pensée . Ainsi dans *Assez* :

> Pour pouvoir de temps à autre jouir du ciel il se servait d'une petite glace ronde. L'ayant voilée de son souffle et ensuite frottée contre son mollet il y cherchait les constellations. Je l'ai ! s'écriait-il en parlant de la Lyre ou du Cygne. Et souvent il ajoutait que le ciel n'avait rien.

L'amour est cet intervalle où se poursuit à l'infini une sorte d'enquête sur le monde. Parce que le savoir s'y éprouve et s'y transmet entre deux pôles irréductibles de l'expérience, il est soustrait à l'ennui de l'objectivité, il est chargé de désir, il est ce que nous possédons de plus intime et de plus vivant. Dans l'amour, ce n'est pas le monde qui nous saisit de ce qu'il est, ce n'est pas lui qui s'empare de nous. C'est au contraire la circulation paradoxale, entre « homme » et « femme », d'un savoir émerveillé qui fait que nous possédons l'univers.

L'amour, c'est quand nous pouvons dire que nous avons le ciel, et que le ciel n'a rien.

La nostalgie

De ce que Beckett a écrit, en 1931, un brillant essai sur Proust, on a souvent cru pouvoir conclure qu'il y avait quelque analogie entre les deux écrivains concernant le traitement de la mémoire. Et cette conviction se trouve renforcée quand on constate que les surgissements du passé se présentent comme des blocs, des sortes d'isolats prosodiques, et que l'enfance y est privilégiée dans ses lieux (l'Irlande) comme dans ses personnages (la Mère et le Père).

Nous croyons que cette analogie est trompeuse. Car la fonction de la mémoire involontaire, liée chez Proust à une métaphysique du temps, est, chez Beckett, outre qu'il faudrait plutôt parler d'un volontarisme du souvenir, une expérimentation de l'altérité.

Il en résulte que les fragments d'enfance – ou les souvenirs amoureux –, toujours signalés par un brusque changement du ton de la prose (une calme beauté faite de fluidité rythmique, d'assonances, de certitude élémentaire : la nuit, les astres, l'eau, les prairies...), ne sont jamais ce que la situation présentée (le lieu de l'être) pourrait détenir de vérité, ou d'éternité. Il s'agit d'un autre monde, de l'hypothèse qu'au noir-gris de l'être se juxtapose, dans un improbable lointain, un univers coloré et sentimental dont le récit met à l'épreuve le solipsisme, imposant à travers lui à la méditation littéraire le thème de la différence pure, de « l'autre vie ».

Qu'il s'agisse, non d'une expérience de la conscience, mais d'un récit matériellement distribué à distance du sujet, est essentiel. Car ce que propose ce récit touche, soit à l'existence d'une « voix » qui viendrait au sujet du dehors ; soit à ce qu'une rencontre réelle permet d'entendre, en fait de fables et de tendres beautés, de la bouche d'un autre ; soit à une stratification du sujet lui-même, dont l'enfance ou la jeunesse ne sont nullement l'origine, mais ce qu'il détient d'altérité intérieure, le fait qu'une existence n'a pas d'unité, qu'elle est composée de sédiments hétérogènes, ce qui consolide la thèse de l'impossibilité d'un *cogito* capable de compter le sujet pour Un.

Ces trois usages de la nostalgie sont pratiqués de façon systématique dans trois œuvres de Beckett.

La Dernière Bande (1959) présente un « personnage », Krapp, qui écoute des récits et des considérations diverses enregistrés sur bande magnétique. La voix qui nous parvient ainsi est en général une

« voix forte, un peu solennelle, manifestement celle de Krapp à une époque très antérieure ». Krapp écoute des fragments de ces anciennes bandes, les commente, et enregistre ces commentaires. Ainsi est mise en scène la distance qui est la sienne entre ces morceaux fictionnés du passé et sa situation réelle : Krapp est un vieil homme qui ne se nourrit plus que de bananes, et qui, comme c'est l'occupation favorite des habitants du noir-gris de l'être, doit sans doute mourir interminablement.

Les commentaires, gestuels ou pratiques, de Krapp, sont généralement peu amènes. Singulièrement quand la prose de la bande semble s'élever à des phrasés philosophiques, comme :

> [...] indestructible association jusqu'au dernier soupir de la tempête et de la nuit avec la lumière de l'entendement et le feu.

Alors, « Krapp débranche impatiemment l'appareil ». Mais nous comprenons vite qu'il recherche un fragment de ce que cette voix, qui n'est la sienne qu'en apparence, qui est celle de cet autre qu'il fut, et qui lui prouve la multiplicité irréductible du Moi, lui raconte. Un fragment sublime, composé d'éléments à la fois sensibles et verbaux tout à fait étrangers à sa situation réelle. Éléments tels qu'entre eux et lui aucun passage ne se laisse penser.

Nous aurons de ce fragment plusieurs morceaux, voire plusieurs variantes, mais au travers desquelles il demeure intact, sauvé par la bande (par la prose, qui est comme une bande de billard, un salut indirect, diagonal), et autorisant Krapp à évaluer ce que c'est, dans un écart qui est moins temporel qu'assigné à une scission de l'être, que « l'autre vie » dont tout un chacun est porteur. Krapp finira par se laisser aller à une écoute intégrale et nostalgique du fragment :

> le haut du lac, avec la barque, nagé près de la rive, puis poussé la barque au large et laissé aller à la dérive. Elle était couchée sur les planches du fond, les mains sous la tête et les yeux fermés. Soleil flamboyant, un brin de brise, l'eau un peu clapoteuse comme je l'aime. J'ai remarqué une égratignure sur sa cuisse et lui ai demandé comment elle se l'était faite. En cueillant des groseilles à maquereau, m'a-t-elle répondu. J'ai dit encore que ça me semblait sans espoir et pas la peine de continuer et elle a fait oui sans ouvrir les yeux. Je lui ai demandé de me regarder et après quelques instants... après quelques instants elle l'a fait, mais les yeux comme des fentes à cause du soleil. Je me suis penché sur elle pour qu'ils soient dans l'ombre et ils se sont ouverts. M'ont laissé entrer. Nous dérivions parmi les roseaux et la barque s'est coincée. Comme ils se pliaient, avec un soupir, devant la proue ! Je me suis coulé sur elle, mon visage dans ses seins et ma main sur elle. Nous restions là, couchés, sans remuer. Mais, sous nous, tout remuait, et nous remuait, doucement, de haut en bas, et d'un côté à l'autre.

Krapp s'efforce dans un premier temps d'annuler la nostalgie par le recours à la pure distance :

> Viens d'écouter ce pauvre petit crétin pour qui je me prenais il y a trente ans, difficile de croire que j'aie jamais été con à ce point-là. Ça au moins c'est fini, Dieu merci.

Mais toute la suite montre que l'insistance du fragment est inentamée par cette protestation abstraite. L'autre vie rayonne sous l'insulte. Certes, Krapp est renvoyé au classique doublet du vide et du silence (c'est la fin de la pièce : « Krapp demeure immobile, regardant dans le vide devant lui. La bande continue à se dérouler en silence »). Aucun lien véritable ne s'établit entre la nostalgie et le cours des choses. La mémoire n'est pas une fonction salvatrice. Elle est seulement ce qui avère, dès que mise en récit, la puissance immanente de l'Autre.

Dans *Comment c'est*, cette puissance du récit procède d'un Autre réel, la « victime », Pim, qui donne au « héros » sa propre vie, réelle ou inventée peu importe :

> Cette vie qu'il aurait eue inventée remémorée un peu de chaque comment savoir cette chose là-haut il me la donnait je la faisais mienne ce qui me chantait les ciels surtout les chemins surtout où il se glissait comme ils changeaient suivant le ciel et où on allait dans l'atlantique le soir l'océan suivant qu'on allait aux îles ou en revenait l'humeur du moment pas tellement les gens très peu toujours les mêmes j'en prenais j'en laissais de bons moments il n'en reste rien.

Le récit est cette fois transmission d'existence, possibilité de fabuler sa propre vie avec pour matériau les fragments les plus intenses de celle de l'autre. La nostalgie demeure, car pour ceux qui rampent dans le noir, ces fragments restent inaccessibles, ils sont « là-haut », comme des stigmates de lumière. Mais la possibilité de demander le récit, de l'extorquer à celui avec qui « c'était de bons moments bons pour moi on parle de moi pour lui aussi on parle de lui aussi heureux », assure à la prose la fonction d'une mesure de l'écart entre l'autre vie et le réel, entre le noir et la lumière, inscrivant ainsi dans l'être même la possibilité de la différence :

> [...] moi rien seulement dis ceci dis cela ta vie là-haut TA VIE un temps ma vie LÀ-HAUT un temps long là-haut DANS LA dans la LUMIÈRE un temps lumière sa vie là-haut dans la lumière octosyllabe presque à tout prendre un hasard.

Dans *Compagnie*, la construction du texte se fait à partir de dix-sept séquences « mémorielles », toutes raccordées à la supposition initiale, qui est que « une voix parvient à quelqu'un sur le dos dans le noir ». Il s'agit de récits limpides, dont la dimension biographique est au début soulignée de façon parodique, comme dans ce paragraphe qui commence par : « Tu vis le jour dans la chambre où vraisemblablement tu fus conçu. » Peu à peu cependant, la tonalité nostalgique s'installe dans la prose, c'est elle qui va tenter de vaincre, persuasion par le poème latent, le péril que cette fabulation ne soit qu'un remaniement fictif de la solitude ; elle qui là encore impose qu'on puisse imaginer une lumière éternelle :

Une grève. Le soir. La lumière meurt. Nulle bientôt elle
ne mourra plus. Non. Rien de tel alors que nulle lumière.
Elle allait mourant jusqu'à l'aube et ne mourait jamais. Tu
es debout le dos à la mer. Seul bruit le sien. Toujours plus
faible à mesure que tout doucement elle s'éloigne. Jusqu'au moment où tout doucement elle revient. Tu t'ap-
puies sur un long bâton. Tes mains reposent sur le pom-
meau et sur elles ta tête. Tes yeux s'ils venaient à s'ouvrir
verraient d'abord au loin dans les derniers rayons les pans
de ton manteau et les tiges de tes brodequins enfoncés
dans le sable. Ensuite et elle seule le temps qu'elle disparaisse l'ombre du bâton sur le sable. Qu'elle disparaisse à
ta vue. Nuit sans lune ni étoiles. Si tes yeux venaient à
s'ouvrir le noir s'éclaircirait.

La puissance de la nostalgie, telle qu'elle suscite
dans l'écriture des fragments de beauté, et si même
revient toujours la certitude que l'autre vie est dis-
jointe, perdue, lumière d'ailleurs, c'est de nous donner le pouvoir de supposer qu'un jour (avant, après,
le temps ne fait rien à l'affaire), l'oeil viendra à
s'ouvrir, et que sous le regard étonné, dans les
nuances du noir-gris de l'être, il y aura une éclaircie.

Le théâtre

Le théâtre, et singulièrement *En attendant Godot*, a fait la célébrité de Beckett. C'est aujourd'hui une pièce classique, avec *Fin de partie* et *Oh ! les beaux jours*. On ne peut cependant pas dire que la nature exacte de ce théâtre soit éclaircie, ni le rapport, ou le non-rapport, entre lui et le mouvement de la prose, qu'il a constamment accompagné, puisqu'une pièce comme *Catastrophe* peut être tenue pour tardive (1982).

Bien entendu, les thèmes majeurs de l'œuvre se retrouvent au théâtre sans exception.

L'assignation du lieu de l'être, ainsi ce passage caractéristique de *Pas* :

> Blême, quoique nullement invisible, sous un certain éclairage. Donné le bon éclairage. Gris plutôt que blanc, gris blanc.

Les supputations sur la portée du langage, ainsi
dans *Oh ! les beaux jours* :

> Les mots vous lâchent, il est des moments où même eux
> vous lâchent. Pas vrai, Willie ? Pas vrai, Willie, que même
> les mots vous lâchent, par moments ? Qu'est-ce qu'on
> peut bien faire alors, jusqu'à ce qu'ils reviennent ?

La torture du *cogito,* en proie à l'impératif déréglé
du dire, dont le grand monologue de Lucky, dans
En attendant Godot, est un parfait exemple, surtout
si on se souvient que Lucky ne se met à parler que
quand Pozzo, le tirant par sa laisse, lui ordonne :
« Pense, porc ! » :

> [...] la barbe les flammes les pleurs les pierres si bleues si
> calmes hélas la tête la tête la tête en Normandie malgré le
> tennis les labeurs abandonnés inachevés plus grave les
> pierres bref je reprends hélas hélas abandonnés inachevés
> la tête la tête en Normandie malgré le tennis la tête hélas
> les pierres Conard Conard...

L'événement est tout aussi central. Il constitue
l'armature de *En attendant Godot,* où s'opposent
deux visions.

Celle de Pozzo, pour qui le temps n'existe pas, ce
qui fait que la vie peut se dissoudre dans un pur
point incessamment répété, incessamment iden-
tique à lui-même :

> Vous n'avez pas fini de m'empoisonner avec vos histoires
> de temps ? C'est insensé ! Quand ! Quand ! Un jour, ça ne

vous suffit pas, un jour pareil aux autres il est devenu muet, un jour je suis devenu aveugle, un jour nous deviendrons sourds, un jour nous sommes nés, un jour nous mourrons, le même jour, le même instant, ça ne vous suffit pas ? Elles accouchent à cheval sur une tombe, le jour brille un instant, puis c'est la nuit à nouveau.

Celle de Vladimir, qui ne renoncera jamais à l'hypothèse de la venue de Godot, césure du temps et constitution d'un sens, en sorte que le devoir de l'humanité est de tenir une incertaine, mais impérative, convocation :

Que faisons-nous ici, voilà ce qu'il faut se demander. Nous avons la chance de le savoir. Oui, dans cette immense confusion, une seule chose est claire : nous attendons que Godot vienne [...] Ou que la nuit tombe. Nous sommes au rendez-vous, un point c'est tout. Nous ne sommes pas des saints, mais nous sommes au rendez-vous. Combien de gens peuvent en dire autant ?

La question des autres est évidemment sans cesse agitée sur scène, soit sous l'effet d'une rencontre (Vladimir et Estragon, rencontrant Pozzo et Lucky, tentent d'éviter, en leur parlant, d'être « à nouveau seuls, au milieu des solitudes ») ; soit que la figure apparente du monologue, comme dans *Oh ! les beaux jours*, suppose un interlocuteur, quelqu'un à qui parvient la voix et qui peut-être va répondre (« Oh il va me parler aujourd'hui, oh le beau jour encore que ça va être ! ») ; soit que, comme dans *Comédie*, où les personnages (deux femmes et un homme) sont enfoncés jusqu'au cou dans des jarres, il ne soit question que de leurs liens, devenus la matière éternelle des récits stéréotypés qu'ils prodiguent, empruntés, jusque dans le style, au répertoire boulevardier du cocuage :

> H. Elle ne fut pas convaincue. J'aurais pu m'en douter. Elle t'a empesté, disait-elle toujours, tu pues la pute. Pas moyen de répondre à ça. Je la pris donc dans mes bras et lui jurai que je ne pourrais vivre sans elle. Je le pensais du reste. Oui, j'en suis persuadé. Elle ne me repoussa pas.

> F1. Juges donc de mon effarement lorsqu'un beau matin, m'étant enfermée avec mon chagrin dans mes appartements, je le vois arriver, l'oreille basse, tomber à genoux devant moi, enfouir son visage dans mon giron et... passer aux aveux.

Nous avons montré comment la nostalgie, suscitant dans la prose de calmes blocs de beauté, hantait *la Dernière Bande*. Mais même un texte parfois aussi dur et fermé que *Fin de partie* s'ouvre à la métaphore des inventions de l'enfance :

> Puis parler, vite, des mots, comme l'enfant solitaire qui se met en plusieurs, deux, trois, pour être ensemble, et parler ensemble, dans la nuit.

Quant à l'amour, pensé comme ce dont sont capables un « bourreau » et une « victime », il est le sujet de la plupart des pièces, et il faut d'abord remarquer que le couple, ou la paire, en sont l'unité de base. Willie et Winnie dans *Oh ! les beaux jours*, Hamm et Clov, flanqués de Nagg et Nell, dans *Fin de partie*, Vladimir et Estragon, flanqués de Pozzo et Lucky, dans *En attendant Godot...* Même Krapp est en duo avec la bande magnétique, où son propre passé fait couple avec lui.

Là est peut-être du reste la singularité du théâtre de Beckett. Il n'y a théâtre qu'autant qu'il y a dialogue, discord et discussion entre deux personnages, et la méthode ascétique de Beckett restreint la théâtralité aux effets possibles du Deux. L'exhibition des ressources illimitées d'un couple, même quand il est vieilli, monotone, presque haineux, la saisie verbale de toutes les conséquences de la dualité : telles sont les opérations théâtrales de Beckett. Si on a souvent comparé ses duettistes à des clowns, c'est justement que déjà au cirque, on ne se soucie pas de situations ou d'intrigues, d'exposition ou de dénouement, mais d'un inventaire immédiat, fortement physique, des figures extrêmes de la dualité (qui trouve son symbole dans l'opposition de l'Auguste et du clown blanc). Cette immédiateté physique est très sensible dans le théâtre de Beckett, où les didascalies décrivant les postures et gestes des personnages occupent autant, sinon plus, de place que le texte proprement dit. N'oublions du reste pas que Beckett a toujours été tenté par le mimodrame, comme le prouvent les *Actes sans paroles* (1957).

De ce point de vue, Beckett est indiscutablement, seul grand écrivain dans ce siècle à l'être, dans une tradition majeure du théâtre comique : duettistes contrastés, costumes décalés (faussement « nobles », chapeaux melons, etc.), suite de numéros plutôt que développement d'une intrigue, trivialités, injures et scatologie, parodie du langage élevé, singulièrement du langage philosophique, indifférence à toute vraisemblance, et surtout acharnement des personnages à persévérer dans leur être, à soutenir contre vents et marées un principe de désir, une puissance vitale, que les circonstances semblent à tout instant rendre illégitime ou impossible.

Le handicap n'est pas une métaphore pathétique de la condition humaine. Le théâtre comique grouille d'aveugles libidineux, de vieillards impotents acharnés à suivre leurs passions, de domestiques-esclaves roués de coups, mais triomphants, de jeunes gens stupides, de boiteux mégalomanes... C'est dans cet héritage carnavalesque qu'il faut situer Winnie, enterrée presque jusqu'au cou, et qui vante le beau jour que c'est, ou Hamm, aveugle, paralytique et méchant, qui joue jusqu'au bout, âprement, sans défaillance, son incertaine partie, ou le duo de Vladimir et d'Estragon qu'un rien divertit et relance, éternellement capables qu'ils sont d'être « au rendez-vous ».

Il faut jouer Beckett dans la plus intense drôlerie, dans la variété constante des types théâtraux hérités, et c'est alors seulement qu'on voit surgir ce qui de fait est la vraie destination du comique : non pas un symbole, non pas une métaphysique déguisée, encore moins une dérision, mais un amour puissant pour l'obstination humaine, pour l'increvable désir, pour l'humanité réduite à sa malignité et à son entêtement. Les personnages de Beckett sont ces anonymes du labeur humain que le comique rend à la fois interchangeables et irremplaçables. Tel est bien le sens de la tirade exaltée de Vladimir :

> Ce n'est pas tous les jours qu'on a besoin de nous. Non pas à vrai dire qu'on ait précisément besoin de nous. D'autres feraient aussi bien l'affaire, sinon mieux. L'appel que nous venons d'entendre, c'est plutôt à l'humanité tout entière qu'il s'adresse. Mais à cet endroit, en ce moment, l'humanité c'est nous, que ça nous plaise ou non.

Sur la scène, incarnée par des couples qui jouent à deux, pour le rire de tous, toutes les postures de l'humanité visible, nous avons cet « ici et maintenant » qui rassemble, et autorise la pensée à comprendre que n'importe qui est l'égal de n'importe qui.

On ne saura sans doute pas « qui » est Godot, il suffit qu'il soit l'emblème de l'obstination de tous à désirer que quelque chose arrive. Quand cependant Pozzo demande : « Qui êtes-vous ? », on comprend aisément, dans la filiation d'Aristophane et de Plaute, de Molière et de Goldoni, mais aussi de Chaplin, que Vladimir réponde (ce qui, note Beckett en didascalie, provoque un silence) :

> Nous sommes des hommes.

La beauté, encore...

Désespoir ? Je songe à ce magnifique passage de *Malone meurt*, où la prose s'élève, à demi parodique, jusqu'à des cadences à la Bossuet :

> Les yeux usés d'offenses s'attardent vils sur tout ce qu'ils ont si longuement prié, dans la dernière, la vraie prière enfin, celle qui ne sollicite rien. Et c'est alors qu'un petit air d'exaucement ranime les vœux morts et qu'un murmure naît dans l'univers muet, vous reprochant affectueusement de vous être désespéré trop tard.

Mais s'il convient de désespérer au bon moment, n'est-ce pas qu'alors ce qui nous exauce nous relève un instant du souci fatigant de la prière ? Ne jamais rien demander, telle est d'abord l'exigence. Et la prose de Beckett est belle d'être animée de ce souci, de ne rien demander à la prose elle-même que de se tenir aussi près que possible de ce dont, en fin de compte, se compose toute existence : la scène vide de l'être, la pénombre où tout se joue, mais qui, elle, ne joue rien ; et les événements qui soudain la peuplent, et qui sont comme des étoiles dans le lieu anonyme, des trous dans la toile distante du théâtre du monde.

Il n'y a la longue patience de la vie et de la prose que pour l'immortelle suscitation de ce qui fixe en beauté la possibilité d'une fin, aux deux sens : interruption de la pénombre, finalités conjointes de l'existence et du dire.

Ces patiences ne sont pas par elles-mêmes détestables. Il y a toujours, comme dans *Comment c'est*, « le bleu qu'on voyait dans la poussière blanche », il y a

> le voyage le couple l'abandon où tout se raconte le bourreau qu'on aurait eu puis perdu le voyage qu'on aurait fait la victime qu'on aurait eue puis perdu les images le sac les petites histoires de là-haut petites scènes un peu de bleu infernaux hommes.

Mais saisi par la beauté, ce matériau acceptable de la vie dépourvue de sens (et pourquoi donc la vie aurait-elle un sens ? est-ce une telle aubaine, le sens ?) accède à une sur-existence comparable à celle des galaxies, où tout disparaît de sa faiblesse, de sa répétition, de son obstination, pour n'être plus qu'un point de lumière dans la pénombre de l'être. Au terme de l'ascèse méthodique, il arrive ceci, qui est tout à fait comparable au surgissement de la Grande Ourse à la fin du *Coup de dés* de Mallarmé :

Assez. Soudain assez. Soudain tout loin. Nul mouvement
et soudain tout loin. Tout moindre. Trois épingles. Un
trou d'épingle. Dans l'obscurissime pénombre. À des vas-
titudes de distance. Aux limites du vide illimité.

Pour Beckett comme pour Mallarmé, il est faux
que « rien n'aura eu lieu que le lieu ». L'existence ne
se dissout pas dans l'anonymat de la pénombre. Elle
ne coïncide pas non plus avec le solipsisme. Ni elle
n'est asservie, dans le rapport aux autres, à des lois
imprescriptibles, fût-ce de prétendues lois du désir,
ou de l'amour, l'amour, comme dit Malone,
« considéré comme une sorte d'agglutinant mor-
tel ».

Il arrive que quelque chose arrive. Que quelque
chose nous arrive. Et ces points d'exception, dont
toute vérité procède, l'art a pour mission de les garder, de les faire briller, de les détenir, stellaires, dans
le tissu reconstitué de notre patience.

C'est un rude travail. Il y faut l'élément de la
beauté, comme une sorte de lumière diffuse dans les
mots, un éclairage souterrain que nous avons
nommé le poème latent de la prose. Un rythme, de
rares couleurs, une nécessité contrôlée des images,
la construction lente d'un monde fait pour laisser
voir, en un point éloigné, le trou d'épingle qui nous
sauve : par ce trou viennent à nous la vérité et le
courage.

Beckett a rempli sa tâche. Il a disposé le poème
de l'increvable désir de penser.

C'est sans doute qu'il était comme Moran, dans *Molloy*, lequel avait aussi besoin de l'élément de la beauté, dont il connaissait la définition kantienne, qui lui faisait dire drôlement :

> C'était seulement en le déplaçant dans cette atmosphère, comment dire, de finalité sans fin, pourquoi pas, que j'osais considérer le travail à exécuter.

Beckett, pour nous qui ne l'osons guère, a considéré ce travail. Exécution lente et soudaine du Beau.

Choix de proses

« *Il faut continuer...* »

[...] c'est peut-être trop tard, c'est peut-être déjà fait, comment le savoir, je ne le saurai jamais, dans le silence on ne sait pas, c'est peut-être la porte, je suis peut-être devant la porte, ça m'étonnerait, c'est peut-être moi, ça a été moi, quelque part ça a été moi, je peux partir, tout ce temps j'ai voyagé, sans le savoir, c'est moi devant la porte, quelle porte, ce n'est plus un autre, que vient faire une porte ici, ce sont les derniers mots, les vrais derniers, ou ce sont les murmures, ça va être les murmures, je connais ça, même pas, on parle de murmures, de cris lointains, tant qu'on peut parler, on en parle avant, on en parle après, ce sont des mensonges, ce sera le silence, mais qui ne dure pas, où l'on écoute, où l'on attend, qu'il se rompe, que la voix le rompe, c'est peut-être le seul, je ne sais pas, il ne vaut rien, c'est tout ce que je sais, ce n'est pas moi, c'est tout ce que je sais, ce n'est pas le mien, c'est le seul que j'aie eu, ce n'est pas vrai, j'ai dû avoir l'autre, celui qui dure, mais il n'a pas duré, je ne comprends pas, c'est-à-dire que si, il dure toujours, j'y suis toujours, je m'y suis laissé, je m'y attends, non, on n'y attend pas, on n'y écoute pas, je ne sais pas, c'est un rêve, c'est peut-être un rêve, ça m'étonnerait, je vais me réveiller, dans le silence, ne plus m'endormir, ce sera moi, ou rêver encore, rêver

83

un silence, un silence de rêve, plein de murmures, je ne sais pas, ce sont des mots, ne jamais me réveiller, ce sont des mots, il n'y a que ça, il faut continuer, c'est tout ce que je sais, ils vont s'arrêter, je connais ça, je les sens qui me lâchent, ce sera le silence, un petit moment, un bon moment, ou ce sera le mien, celui qui dure, qui n'a pas duré, qui dure toujours, ce sera moi, il faut continuer, je ne peux pas continuer, il faut continuer, je vais donc continuer, il faut dire des mots, tant qu'il y en a, il faut les dire, jusqu'à ce qu'ils me trouvent, jusqu'à ce qu'ils me disent, étrange peine, étrange faute, il faut continuer, c'est peut-être déjà fait, ils m'ont peut-être déjà dit, ils m'ont peut-être porté jusqu'au seuil de mon histoire, devant la porte qui s'ouvre sur mon histoire, ça m'étonnerait, si elle s'ouvre, ça va être moi, ça va être le silence, là où je suis, je ne sais pas, je ne le saurai jamais, dans le silence on ne sait pas, il faut continuer, je ne peux pas continuer, je vais continuer.

L'Innommable, Minuit, 1949.

« *Ruines vrai refuge...* »

Ruines vrai refuge enfin vers lequel d'aussi loin par tant de faux. Lointains sans fin terre ciel confondus pas un bruit rien qui bouge. Face grise deux bleu pâle petit corps cœur battant seul debout. Éteint ouvert quatre pans à la renverse vrai refuge sans issue.

Ruines répandues confondues avec le sable gris cendre vrai refuge. Cube tout lumière blancheur rase faces sans trace aucun souvenir. Jamais ne fut qu'air

84

gris sans temps chimère lumière qui passe. Gris
cendre ciel reflet de la terre reflet du ciel. Jamais ne
fut que cet inchangeant rêve l'heure qui passe.

Il maudira Dieu comme au temps béni face au ciel
ouvert l'averse passagère. Petit corps face grise traits
fente et petits trous deux bleu pâle. Faces sans trace
blancheur rase œil calme enfin aucun souvenir.

Chimère lumière ne fut jamais qu'air gris sans
temps pas un bruit. Faces sans trace proches à tou-
cher blancheur rase aucun souvenir. Petit corps
soudé gris cendre cœur battant face aux lointains.
Pleuvra sur lui comme au temps béni du bleu la nuée
passagère. Cube vrai refuge enfin quatre pans sans
bruit à la renverse.

Ciel gris sans nuage pas un bruit rien qui bouge
terre sable gris cendre. Petit corps même gris que la
terre le ciel les ruines seul debout. Gris cendre à la
ronde terre ciel confondus lointains sans fin.

Il bougera dans les sables ça bougera au ciel dans
l'air les sables. Jamais qu'en rêve le beau rêve n'avoir
qu'un temps à faire. Petit corps petit bloc cœur battant gris cendre seul debout. Terre ciel confondus
infini sans relief petit corps seul debout. Dans les
sables sans prise encore un pas vers les lointains il le
fera. Silence pas un souffle même gris partout terre
ciel corps ruines.

Noir lent avec ruine vrai refuge quatre pans sans
bruit à la renverse. Jambes un seul bloc bras collés
aux flancs petit corps face aux lointains. Jamais qu'en
rêve évanoui ne passa l'heure longue brève. Seul
debout petit corps gris lisse rien qui dépasse quelques

trous. Un pas dans les ruines les sables sur le dos vers les lointains il le fera. Jamais que rêve jours et nuits faits de rêves d'autres nuits jours meilleurs. Il revivra le temps d'un pas il refera jour et nuit sur lui les lointains.

Sans, Minuit, 1969.

« *Jouir du ciel.* »

Il aimait grimper et moi aussi par conséquent. Il réclamait les pentes les plus raides. Son corps humain se décomposait en deux segments égaux. Ceci grâce au fléchissement des genoux qui raccourcissait l'inférieur. Par une rampe de cinquante pour cent sa tête frôlait le sol. Je ne sais pas à quoi il devait ce goût. À l'amour de la terre et des mille parfums et teintes des fleurs. Ou plus bêtement à des impératifs d'ordre anatomique. Il n'a jamais soulevé la question. Le sommet atteint hélas il fallait redescendre.

Pour pouvoir de temps à autres jouir du ciel il se servait d'une petite glace ronde. L'ayant voilée de son souffle et ensuite frottée contre son mollet il y cherchait les constellations. Je l'ai ! s'écriait-il en parlant de la Lyre ou du Cygne. Et souvent il ajoutait que le ciel n'avait rien.

[...]

Pose au repos. Pliés en trois emboîtés l'un dans l'autre. Deuxième équerre aux genoux. Moi à l'intérieur. Comme un seul homme nous changions de flanc quand il en manifestait le désir. Je le sens la nuit contre moi de tout son long tordu. Plus que de dormir il s'agissait de s'étendre. Car nous marchions dans un demi-sommeil. De la main supérieure il me tenait et touchait là où il voulait. Jusqu'à un certain point. L'autre se retenait à mes cheveux. Il parlait tout bas des choses qui pour lui n'étaient plus et pour moi n'avaient pu être. Le vent dans les tiges aériennes. L'ombre et l'abri des forêts.

Il n'était pas bavard. Cent mots par jour et nuit en moyenne. Échelonnés. Guère plus d'un million au total. Beaucoup de redites. D'éjaculations. De quoi effleurer la matière à peine. Que sais-je du destin de l'homme ? Je ne me suis pas posé la question. Je suis davantage au courant des radis. Eux il les avait aimés. Si j'en voyais un je le nommerais sans hésitation.

Nous vivions de fleurs. Voilà pour la sustentation. Il s'arrêtait et sans avoir à se baisser attrapait une poignée de corolles. Puis repartait en mâchonnant. Elles exerçaient dans l'ensemble une action calmante. Nous étions dans l'ensemble calmes. De plus en plus. Tout l'était. Cette notion de calme me vient de lui. Sans lui je ne l'aurais pas eue. Je m'en vais maintenant tout effacer sauf les fleurs. Plus de pluies. Plus de mamelons. Rien que nous deux nous traînant dans les fleurs. Assez mes vieux seins sentent sa vieille main.

Assez, Minuit, 1966.

« *Elle voit se lever Vénus.* »

De sa couche elle voit se lever Vénus. Encore. De sa couche par temps clair elle voit se lever Vénus suivie du soleil. Elle en veut alors au principe de toute vie. Encore. Le soir par temps clair elle jouit de sa revanche. À Vénus. Devant l'autre fenêtre. Assise raide sur sa vieille chaise elle guette la radieuse. Sa vieille chaise en sapin à barreaux et sans bras. Elle émerge des derniers rayons et de plus en plus brillante décline et s'abîme à son tour. Vénus. Encore. Droite et raide elle reste là dans l'ombre croissante. Tout de noir vêtue. Garder la pose est plus fort qu'elle. Se dirigeant debout vers un point précis souvent elle se fige. Pour ne pouvoir repartir que longtemps après. Sans plus savoir ni où ni pour quel motif. À genoux surtout elle a du mal à ne pas le rester pour toujours. Les mains posées l'une sur l'autre sur un appui quelconque. Tel le pied de son lit. Et sur elles sa tête. La voilà donc comme changée en pierre face à la nuit. Seuls tranchent sur le noir le blanc des cheveux et celui un peu bleuté du visage et des mains. Pour un œil n'ayant pas besoin de lumière pour voir. Tout cela au présent. Comme si elle avait le malheur d'être encore en vie.

[...]

Le visage reçoit encore les derniers rayons. Sans rien perdre de sa pâleur. Sa froideur. Tangent à l'horizon le soleil suspend sa chute le temps de cette image. C'est-à-dire la terre sa culbute. Les minces

lèvres semblent ne plus jamais devoir se desserrer.
Mal rentré sous leur suture un soupçon de pulpe.
Théâtre peu probable jadis de baisers donnés et
reçus. Ou donnés seulement. Ou reçus seulement. À
retenir surtout l'infime retroussé des commissures.
Sourire ? Est-ce possible ? Ombre d'un ancien sourire souri enfin une fois pour toutes. Telle la bouche
mal entrevue aux derniers rayons qui soudain la
quittent. Plutôt qu'elle quitte elle. Repartie pour le
noir où sourire toujours. Si de sourire il s'agit.

[...]

Absence meilleur des biens et cependant. Illumi-
nation donc repartir cette fois pour toujours et au
retour plus trace. À la surface. De l'illusion. Et si par
malheur encore repartir pour toujours encore. Ainsi
de suite. Jusqu'à plus trace. À la surface. Au lieu de
s'acharner sur place. Sur telle et telle trace. Encore
faut-il le pouvoir. Pouvoir s'arracher aux traces. De
l'illusion. Vite des fois que soudain oui adieu à tout
hasard. Au visage tout au moins. D'elle tenace trace.

Parti pas plus tôt pris ou plutôt bien plus tard que
comment dire ? Comment pour en finir enfin une
dernière fois mal dire ? Qu'annulé. Non mais lentement se dissipe un peu très peu telle une dernière
traînée de jour quand le rideau se referme. Piane-
piane tout seul où mû d'une main fantôme millimètre par millimètre se referme. Adieu adieux. Puis
noir parfait avant-glas tout bas adorable son top
départ de l'arrivée. Première dernière seconde.
Pourvu qu'il en reste encore assez pour tout dévorer.

Goulûment seconde par seconde: Ciel terre et tout le bataclan. Plus miette de charogne nulle part. Léchées babines baste. Non. Encore une seconde. Rien qu'une. Le temps d'aspirer ce vide. Connaître le bonheur.

Mal vu mal dit, Minuit, 1981.

« *Assis une nuit à sa table...* »

Assis une nuit à sa table la tête sur les mains il se vit se lever et partir. Une nuit ou un jour. Car éteinte sa lumière à lui il ne restait pas pour autant dans le noir. Il lui venait alors de l'unique haute fenêtre un semblant de lumière. Sous celle-là encore le tabouret sur lequel jusqu'à ne plus le pouvoir ou le vouloir il montait voir le ciel. S'il ne se penchait pas au-dehors pour voir comment c'était en dessous c'était peut-être parce que la fenêtre n'était pas faite pour s'ouvrir ou qu'il ne pouvait ou ne voulait pas l'ouvrir. Peut-être qu'il ne savait que trop bien comment c'était en dessous et ne désirait plus le voir. Si bien qu'il se tenait tout simplement là au-dessus de la terre lointaine à voir à travers la vitre ennuagée le ciel sans nuages. Faible lumière inchangeante sans exemple dans son souvenir des jours et des nuits d'antan où la nuit venait pile relever le jour et le jour la nuit. Seule lumière donc désormais éteinte la sienne à lui celle lui venant du dehors jusqu'à ce qu'elle à son tour s'éteigne le laissant dans le noir. Jusqu'à ce que lui à son tour s'éteigne.

Soubresauts, Minuit, 1989.

Bibliographie

Œuvres de Beckett
L'année est celle de la rédaction du texte. Vient ensuite le « genre », pour autant qu'il se laisse déterminer. Puis vient la date de publication en français. Enfin le titre en français, quand l'œuvre a été écrite en anglais, et que la traduction du titre est par elle-même une invention. À l'exception de la première édition de Murphy, *toutes les œuvres de Samuel Beckett sont éditées en France par les Éditions de Minuit. Sauf indication contraire, la version française des textes écrits d'abord en anglais est de Beckett lui-même.*

1932/33. *More pricks than kicks.* Nouvelles. 1995.
  « Bandes et sarabandes ». Trad. É. Fournier.
1938. *Murphy.* Roman. 1947.
1942/44. *Watt.* Roman. 1968.
1945. *Premier amour.* Nouvelle. 1970.
1946. *Mercier et Camier.* Roman. 1970.
1946/47. *L'expulsé. Le calmant. La fin.* Nouvelles.
  1955.
1947/48. *Molloy.* Roman. 1951.

1948. *Malone meurt*. Roman. 1951.
1948. *En attendant Godot*. Théâtre. 1952.
1949. *L'Innommable*. Roman. 1953.
1950. *Textes pour rien*. Proses. 1955.
1954/56. *Fin de partie*. Théâtre. 1957.
1955. *L'image*. Prose. 1988.
1956. *All that fall*. Pièce radiophonique. 1957.
  « Tous ceux qui tombent ».
1957. *Acte sans paroles I*. Théâtre. 1966.
1958/1959. *Krapp's last tape*. Théâtre. 1959.
  « La dernière bande ».
1959. *Acte sans paroles II*. Théâtre. 1966.
1959. *Embers*. Pièce radiophonique. 1959.
  « Cendres ».
1960. *Comment c'est*. Roman. 1961.
1961. *Happy days*. 1963. « Oh ! les beaux jours ».
1962. *Words and Music*. Pièce radiophonique. 1966.
1963. *Cascando*. Pièce radiophonique. 1966.
1963. *Play*. Théâtre. 1966. « Comédie ».
1963/64. *Film*. Scénario de cinéma. 1966.
1965. *Eh ! Joe*. Pièce pour la télévision. 1972.
  « Dis, Joe ».
1965. *Imagination morte imaginez*. Prose. 1965.
1965. *Assez*. Prose. 1966.
1965. *Bing*. Prose.
1966 (?) *Fragment de théâtre I*. 1978.
1967 (?) *Fragment de théâtre II*. 1978.
1968 (?) *Pochade radiophonique*. 1978.
1969. *Sans*. 1969.
1970 (commencé en 1967). *Le Dépeupleur*. Prose. 1971.
1972. *Not I*. Théâtre. 1978. « Pas moi ».
1974. *That time*. Théâtre. 1982. « Cette fois ».

1976. *Foirades*, 1 à 5 (textes antérieurs à 1975) suivies de :
Pour finir encore ; de *Immobile* ; de *Au loin un oiseau* ; de *Se
voir*. Langue d'origine pas toujours déterminée.
Très courtes proses. 1976.

1976. *Foot falls*. Théâtre. 1978. « Pas ».

1979. *Compagnie*. Prose. 1980.

1980. *Mal vu mal dit*. Prose. 1981.

1981. *Rockaby*. Théâtre. 1982. « Berceuse ».

1981. *Ohio impromptu*. Théâtre. 1982.

1981. *A piece of monologue*. Théâtre. 1982. « Solo ».

1982. *Catastrophe*. Théâtre. 1982.

1982 (?) *Worstward Ho*. Prose. 1992. « Cap au pire ».
Trad. É. Fournier.

1985 (?) *Soubresauts*. Prose. 1989.

Parutions posthumes
Eleutheria, 1995.
Trois dialogues, 1998.
Les os d'écho et autres précipités, 2002.

Bibliographie critique
ANZIEU Didier, *Beckett*, Gallimard, 1999.
BATAILLE Georges, *Le Silence de Molloy*, Critique n° 58,
1951.
BISHOP Samuel, FEDERMAN Raymond, (dir.), *Samuel Beckett*,
Cahiers de l'Herne, Fayard, 1997.
BLANCHOT Maurice, *Où maintenant ? Qui maintenant?*,
N.R.F. n° 10, 1953 (repris dans *Le Livre à venir*, Gallimard).
DELEUZE Gilles, *L'Épuisé*, introduction à *Quad*, Minuit,
1992.
MAURIAC Claude, *L'Alittérature contemporaine*, Albin
Michel,1969.
MAYOUX Jean-Jacques, *Samuel Beckett et l'univers
parodique*, Les Lettres nouvelles n° 6, 1960 (repris dans
Vivants piliers, Julliard, 1960).
SIMON Alfred, *Samuel Beckett*, Belfond, 1983.

Table

Achevé d'imprimer en juin 2011
sur les presses numériques de l'Imprimerie Maury S.A.S.
Z.I. des Ondes – 12100 Millau

27-03-0777-6/01
N° d'impression : F11/46432B

Imprimé en France